KB200874

아빠를 이길 수 있는 50가지 치명적인 체크메이트

체스로 아빠를
이기는 방법

First published in the UK in English under the title
How to Beat Your Dad at Chess by Gambit Publications Ltd 1998
First published in Korean by Dream Tree Books in 2024

이 책을 그레이엄 챈들러(물론 우리 아빠에요!),
그리고 모든 포지션들을 점검해 준 내 동생 키스에게 바칩니다.
도움주신 분들: 데이비드 스탠리(표지), 하비 리스터(삽화)

---

1. 저자가 이탤릭체를 사용하여 강조한 부분을 한국어판에서는 밑줄을 그어 표현하였습니다.

2. 저자는 체크메이트를 뜻하는 # 기호를 쓰지 않았으므로 이에 따랐습니다.

3. 저자의 각주는 숫자로 표기하였으며, 이해를 돕기 위해 옮긴이가 덧붙인 글은 *를 사용했습니다.

체스로 아빠를 이기는 방법

How to Beat Your Dad at Chess

차례

50가지 치명적인 체크메이트 패턴

시작하기 전에

이 책은 평소에 자신보다 강한 상대와 경기하는 - 그리고 지는 - 모든 사람들을 위해 만들어졌습니다. 우리는 직장에서, 체스 클럽에서, 학교에서, 토너먼트에서, 또는 많은 아이들처럼 집에서 아빠와 경기할 수도 있습니다. 사실 이 책에서 '아빠'는 항상 여러분보다 잘하고, 여러분을 이기며, 내 피스를 잡아가고, 우리를 체크메이트 시키는 모든 사람을 말합니다.

여기에 소개된 '50가지 치명적인 체크메이트'[1]는 상대 킹을 공격할 때 사용되는 특정 테마에 대해 설명합니다. 사실상 이 테마들은 플레이어의 수준이나 피스들의 정확한 위치에 상관없이 체스 경기에서 반복해서 불쑥불쑥 찾아옵니다. 정상급의 체스 선수들은 이러한 기본적인 패턴을 알아차리는 데 매우 능숙한데요. 우리가 이 패턴들의 핵심적인 요소들을 배운다면, 승리를 위한 콤비네이션을 찾는 게 훨씬 쉽고 빨라질 수 있습니다.

50가지 치명적인 체크메이트를 뽑는 기준 중의 하나는 실전에서 꽤 흔하게 나와야 한다는 점이었습니다. 어떤 것은 항상 나오는 것도 있고요. 여러분의 실력에 상관없이 이러한 공격 개념을 사용할 기회는 많이 있을 겁니다.

그러니까, 여러분이 정말로 아빠를 이기고 싶다면, 이 책을 끝까지 읽어보세요!

머레이 챈들러

---

1 정확하게는 47가지 체크메이트를 하는 전략입니다. 11번은 반복 체크를 해서 이기기 힘든 경기를 무승부로 만드는 방법입니다. 그리고 10번과 12번은 물량 이득을 얻는 테마입니다. 이러한 공격 테마 중 일부만(심지어 수 백년의 체스 역사를 거슬러 올라가더라도) 이름을 가지고 있었습니다. 그래서 이름이 없는 테마들을 설명하기 위해 이 개념이 사용된 유명한 경기에서 따 온 이름이 사용되었습니다. 바로 페트로시안 무승부(체크메이트 11), 타이마노프 나이트 체크(체크메이트 9), 코르치노이 묘수(체크메이트 28), 또 다른 블랙번 메이트(체크메이트 38), 그리고 피셔 트랩(체크메이트 50)입니다.

대수 기보법

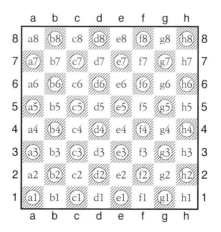

이 책에서 사용하는 체스 기보법은 전 세계에서 사용하는 간단한 대수 기보법으로, 단 몇 분이면 누구나 배울 수 있습니다.

위의 체스 보드에서 볼 수 있듯이 a-h(왼쪽에서 오른쪽으로)라고 써 있는 파일과, 1-8이라고 써 있는 랭크가 있습니다. 파일과 랭크는 각 칸들을 구분하는 특별한 기준이 됩니다. 그리고 피스들은 다음과 같이 표현할 수 있습니다.

룩 : R　비숍 : B　퀸 : Q　킹 : K　나이트 : N

폰은 기호가 없습니다. 간단히 폰이 <u>도착한 칸</u>의 이름을 사용합니다.

또한 다음과 같은 추가 기호도 사용됩니다.

체크 : +　더블 체크 : ++　잡는다 : x

킹사이드 캐슬링 : 0-0　퀸사이드 캐슬링 : 0-0-0

좋은 수 : !　나쁜 수 : ?　큰 실수 : ??

프로모션 : =

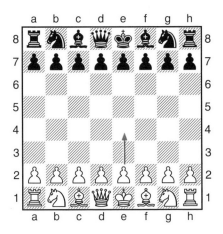

위 그림을 보면 백이 첫 수로 1 e4를 두려고 합니다. 1은 몇 번째 수인지 표시하는 것이고, e4는 백 폰이 도착하는 칸의 이름을 나타냅니다.

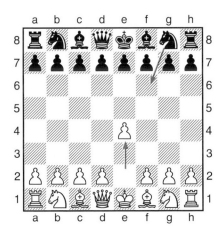

백의 1 e4가 두어진 모습입니다. 흑은 1...Nf6(흑이 첫 수로 나이트를 f6-칸으로 이동)를 두려고 합니다.*

체스 마스터들이 생각하는 방법

만약 여러분이 체스 토너먼트에 가서 그랜드마스터들이 경기하는 모습을 지켜본다면, 놀라울 정도로 다양한 감정을 관찰할 수 있을 겁니다. 때때로 겉으로 보기에 단순한 포지션에서 그랜드마스터는 긴 집중에 빠져 한 수를 두는 데 10분 이상 걸릴 수 있습니다. 어떤 때에는 복잡한 포지션에서 매우 빠르게 두기도 하고요. 그랜드마스터가 단 몇 초 동안 생각하고 나서 놀랍고 긴 희생 체크메이트로 갑자기 승리하는 걸 본다면 아마 여러분은 충격을 받을 수도 있습니다. 분명 분석을 하는 과정은 겉으로 보이는 복잡한 포지션과 직접적인 관련이 없어 보이는데요.

그 이유는 패턴 인식 때문입니다. 그랜드마스터가 과거에 경험했던 비슷한 포지션을 기억할 수 있다면 같은 주제와 개념이 현재 경기에 적용될 수 있습니다. 이를 통해 포지션을 훨씬 더 쉽고 빠르게 분석할 수 있게 해주죠. 특히 상대 킹 주변을 향한 가장 기본적인 공격 형태에 적용시킬 수 있습니다. 일단 알고 있는 주제가 발견되면, 가능성이 있는 콤비네이션들이 보드의 특정 포지션에서 실제로 효과가 있는지 확인하기 위해 분석을 합니다.

그렇다면 체스 분석은 개별적인 수 계산과 패턴 인식이 합쳐진 게 분명합니다.

사실상 모든 체스 선수들은 이런 방법(의식적이든 아니든!)으로 생각합니다. 하지만 그 두 가지 방법 사이의 비율은 선수들의 능력에 따라 달라지죠. 비록 과학적인 테스트를 한 것은 아니지만, 경험이 부족한 선수들은 대략 95%의 수 계산과 5%의 패턴 인식을 사용합니다. 마스터 수준의 선수들은 그 수치가 40%의 수 계산과 60%의 패턴 인식에 가까워집니다. 따라서 논리적으로 볼 때, 핵심 패턴들을 인지하는 방법을 더 많이 배우는 것은 여러분의 체스 실력을 극적으로 향상시키는 데 도움이 될 수 있습니다.

우리는 이 책에서 상대 킹을 향한 직접적인 공격과 관련된 가장 치명적인 체크메이트 패턴 50가지를 곧 다룰 것입니다. 하지만 그 전에 체스 '패턴들'을 어떻게 인식하고 기억하는지 짧은 예시를 통해 알아보겠습니다.

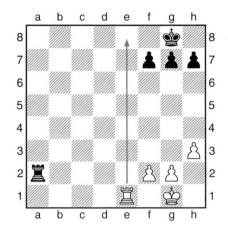

(그림 1) 백 차례

이 간단한 포지션에서 백이 화살표처럼 1 Re8을 두면 체크메이트가 됩니다. 만약 여러분이 이렇게 했다면 내일 이 포지션을 기억할 수 있을까요? 그럴 가능성이 높겠죠. 정확히 백의 폰들이 어디에 위치했는지 기억할 수 없더라도, 콤비네이션의 본질인 룩으로 백-랭크 체크메이트를 한다는 것은 거의 확실하게 기억할 것입니다.

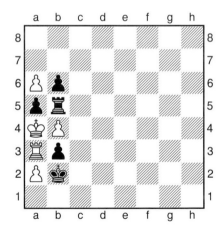

(그림 2) 백 차례

이 포지션은 매우 인위적이어서 실제 경기에서는 절대 일어나지 않습니다. 이전 예시 그림과 똑같은 수의 피스와 폰이 있지만, 플레이어가 이러한 비논리적인 포지션을 기억하기는 어렵습니다. 그림 1과 달리, 도움이 될 만한 <u>익숙한 패턴이 없어서</u> 각 피스들의 위치를 개별적으로 기억해야 하니까요.

만약 어떤 실력있는 체스 선수에게 논리적인 포지션인 1번을 보여준다면, 몇 주, 심지어 보여준 지 몇 달이 지나더라도 완벽하게 기억해 낼 수 있을 것입니다. 하지만 2번 그림의 이상한 포지션은 똑같은 일을 하기 매우 어렵게 만들며, 심지어 마스터라 할지라도 하루 뒤에 그 포지션을 기억해내기가 어려울 수 있습니다. 수년에 걸쳐 다양한 능력을 가진 선수들에 대한 심리학적 실험이 진행되었고 이를 통해 사실을 재확인했습니다. 실력 있는 체스 선수들이라도 완전히 무작위의 포지션을 기억하는 능력은 평범한 플레이어들보다 그다지 뛰어나지 않지만, 실제 경기에서 포지션을 재구성하는 능력에서는 두드러진 모습을 보여주었으며, 패턴들 – 익숙한 대형 또는 피스들과 폰들의 무리 – 을 기억하는 선수들의 능력은 월등히 높게 발달되어 있다는 것이 실험 결과로 입증되었습니다.

콤비네이션의 구조

가장 일반적인 미들게임 체크메이트 테마를 배웠을 때의 장점은 변화수 계산을 훨씬 쉽게 할 수 있다는 것입니다. 아래의 콤비네이션은 실력있는 클럽 선수의 래피드 경기에서 가져왔습니다. 이 콤비네이션은 매우 길어서 치명적인 체크메이트 8에서 더 많은 그림과 함께 추가로 설명하겠습니다.

(그림 3) 흑 차례

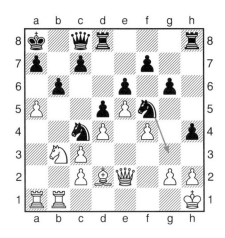

다음과 같이 승리합니다. 1...Ng3+ 2 hxg3 hxg3+ 3 Kg1 Rh1+ 4 Kxh1 Rh8+ 5 Kg1 Rh1+ 6 Kxh1 Qh8+ 7 Kg1 Qh2+ 8 Kf1 Qh1 체크메이트.

나이트 하나와 룩 두 개를 희생하여 강제 메이트 시키는 8수 콤비네이션입니다. 환상적이네요! 그런데 유명한 그랜드마스터인 존 넌John Nunn에게 이 포지션을 보여주었을 때, 그는 단 2초 만에 이 콤비네이션을 찾아냈습니다. 흥미롭게도 펜티엄에서 실행되는 PC 프로그램인 프리츠 5는 강제 승리를 찾는 데 몇 분이 걸렸습니다.* 인간의 뇌가 강력한 컴퓨터보다 더 빠르게 전술적인 포지션을 해결할 수 있다는 것은 놀라운 일인데요. 경험이 쌓인 체스 선수들이 사용하는 사고 과정에 그 이

---

* 역주: 이 책이 처음 출판될 당시(1998년)의 상황을 묘사한 것이며, 지금은 체스 엔진의 발달로 사람이 컴퓨터의 계산 속도를 따라잡기 어려워졌습니다.

유가 있습니다. 처음엔 매우 비슷한 공격 패턴이 머릿속에 떠오르는데, 이것은 필요한 계산의 양을 상당히 줄여줍니다.

위의 예시에서 콤비네이션이 매우 길기 때문에 체스 선수는 과거의 경험에서 몇 가지 기본 테마들을 불러내어 마음속으로 조합하고 있을 수 있습니다. 이 경우 우리는 콤비네이션의 네 가지 구성 요소들을 꽤 정확하게 추측할 수 있습니다.

퀸이 h2-h1에서 체크메이트 한다

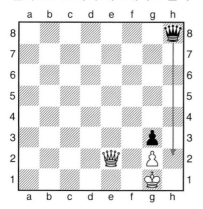

(그림 4) 흑 차례

관련 없는 피스들을 뺀 그림 4는 콤비네이션에서 백이 6번째 수 이후에 도달한 핵심 포지션을 보여줍니다. 1...Qh2+ 2 Kf1 Qh1 메이트입니다.

룩 디코이 희생

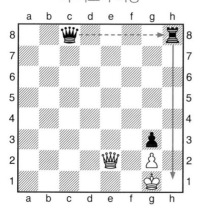

(그림 5) 흑 차례

이 공격 패턴 또한 흔하게 나옵니다. 1...Rh1+ 2 Kxh1 Qh8+으로 디코이 희생을 하면, 흑이 템포를 벌면서 자신의 퀸을 공격에 끌어올 수 있게 됩니다.

타이마노프 나이트 체크

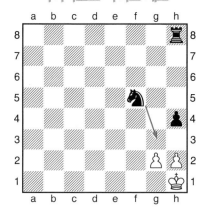

(그림 6) 흑 차례

그림 6에서 1...Ng3+ 2 hxg3 hxg3+ 는 백 킹을 공격하기 위해 h-파일을 강제로 여는 일반적인 테마입니다.

나이트 포크

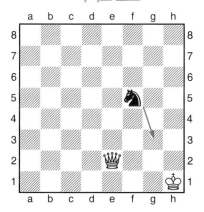

(그림 7) 흑 차례

1...Ng3+는 백 킹과 퀸을 포크합니다. 이 기본 전술은 백이 흑 나이트를 무조건 잡도록 강제하기 때문에 그림 3의 콤비네이션과 관련이 있습니다.

보시다시피 그림 4~7은 그림 3의 콤비네이션으로 이어지는 '기본 요소들'을 포함하고 있습니다. 뛰어난 실력의 이 클럽 선수는, 이러한 테마들을 떠올리고 이 독특한 포지션에서 콤비네이션이 가능한지 아닌지 올바른 결정(정확한 계산으로)을 하는 칭찬할 만한 능력을 보여주었습니다. 그랜드마스터 넌은 그의 풍부한 경험으로 마음속의 지름길을 간 것이죠. 다미아노 메이트(치명적인 체크메이트 8)를 알아챘을 뿐만 아니라 과거에 접했던 경기들의 정확한 패턴을 모두 떠올렸습니다.

기본 공격 패턴을 기억하는 것은 쉽습니다

50가지 치명적인 체크메이트 뒤에 숨겨진 기본 테마들을 배우면 여러분의 경기 실력을 빠르게, 그리고 끝없이 향상시킬 수 있습니다.

a) 여러분이 하는 거의 모든 킹사이드 공격에는 치명적인 체크메이트 중 하나의 요소가 포함될 것입니다. 콤비네이션을 계산하려면 여전히 여러분의 모든 능력과 기술을 사용해야 하지만 콤비네이션을 찾아내는 일이 훨씬 더 쉬워질 것입니다.

b) 테마와 패턴들은 오프닝 트랩이나 오프닝 레퍼토리보다 훨씬 기억하기 쉽습니다. 한번 각인된 기억은 평생을 함께하는 경향이 있습니다.

c) 체스 경기를 훨씬 더 재미있게 즐길 수 있습니다. 계획을 어떻게 세울지 몰라 어둠속에서 더듬거리는 대신, 아빠의 킹을 향해 피스들을 조종하세요. 그리고 공격하세요!

아빠가 캐슬링을 하지 않으면 어떻게 할까?

이 책의 50가지 테마들 대부분은 킹사이드로 캐슬링 된 킹을 향한 공격을 다루고 있습니다. 왜냐하면 킹사이드는 킹에 대한 방어를 끝마치는 단연코 가장 일반적인 장소니까요. 킹은 구석에 있는 것이 가장 안전할 뿐만 아니라, 피스들의 발전을 완료하기 위해 캐슬링을 하는 것은 매우 중요합니다. 만약 상대가 캐슬링을 하지 않고 있는데, 여러분이 중앙에 놓인 상대 킹을 이용한 강력한 연속수를 찾을 수 없다면, 걱정하지 마세요. 그저 활동적인 칸으로 내 피스들을 발전하고, 룩을 중앙화 시키면, 여러분은 곧 포지션에서 큰 이점을 얻을 가능성이 높습니다.

흑일 때는 백과 반대로...

이 책의 모든 포지션(몇 가지 기본적인 예시를 제외한)은 실제 경기에서 가져온 것입니다. 이것은 어떤 주제를 설명하기 위해 특수하게 만든 '순수한' 포지션에 비해 극적인 현실감을 줍니다. 현실에서는 피스와 폰들이 종종 불편한 장소에 숨어있는 경우가 있으므로, 우리는 각각의 콤비네이션에서 이를 고려하는 방법을 배워야 합니다.

같은 맥락으로, 많은 포지션이 흑 차례인 점이 특징(어떤 체스 책에서는 모든 예제가 오직 백 차례인 것도 있어요)입니다. 하지만 효과적인 목적 전달을 위해 각각의 치명적인 체크메이트를 소개하는 본문에서는 항상 백의 관점에서 그 포지션을 언급합니다. 만약 백 룩을 g7에서 희생하는 게 추천된다면, 흑이 공격자일 경우 g2-칸에서 똑같은 룩 희생을 할 수 있다는 것이 자동적으로 따라옵니다.

마지막으로, 몇 개의 기본 포지션은 체스 보드의 일부만 보이거나 백 또는 흑 킹이 없는 경우(이런 경우는 테마와 관련이 없는 피스들이므로)도 있습니다. 물론 이 것은 예시를 위한 것일 뿐입니다. 아빠가 어떤 이상한 이유로 여러분의 체스 보드를 반으로 쪼개고 피스들을 숨기지 않는 한, 실제 경기에서 그런 일은 일어나지 않을테니까요.

아나스타샤 메이트

아나스타샤 메이트
Anastasia's Mate

우리의 비밀 무기는 e7에 있는 나이트야

강한 선수들 조차도 이 체크메이트에 걸릴 수 있습니다! 아나스타샤 메이트라는 이름은 1903년 출판된 빌헬름 하인제Wilhelm Heinse의 소설 '아나스타샤와 체스 게임'에서 유래되었으며, 이 책에 그 예제가 들어있습니다.

이 깔끔하고 작은 함정의 핵심 요소는 다음과 같습니다.

a) 백 나이트가 e7-칸에 있고

b) 흑 폰은 g7에 있으며

c) 흑 킹이 h8-칸에 있다.

이 대형은 방어자가 눈치채기 어려운 특별한 위험이 있습니다. e7에 있는 백 나이트는 흑 킹의 잠재적인 탈출구가 될 수도 있는 중요 지점 두 칸을 빼앗고 있습니다. 바로 g8-칸과 g6-칸입니다. 그러므로 만약 백이 퀸 또는 룩으로 어떻게든 h-파일에서 체크를 할 수 있고 흑이 체크를 막을 피스가 없다면, 결과는 체크메이트입니다. 체크메이트 시킬 수 있다면 h-파일을 강제로 열기 위해 백이 엄청난 희생을 치르는 것이(예를 들어, h7-칸에서) 타당한 이유가 될 수 있겠죠.

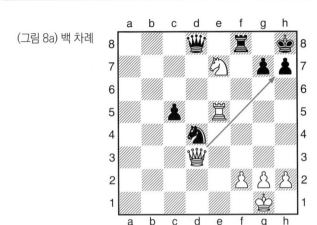

(그림 8a) 백 차례

백 룩이 h-파일로 이동할 태세를 갖추고 있을 때, 백 퀸이 h-파일을 강제로 열기 위해 1 Qxh7+로 희생을 합니다. 흑은 1...Kxh7으로 무조건 잡아야 합니다. (그림 8b)

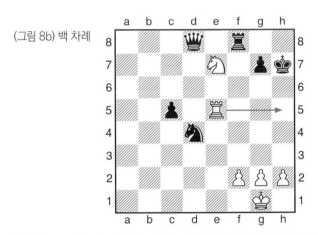

(그림 8b) 백 차례

룩이 h5로 가로지르며 체크메이트를 선사합니다. 흑 킹의 탈출구인 g8과 g6를 백 나이트가 통제하고 있으므로 흑 킹은 빠져나갈 수 없습니다.

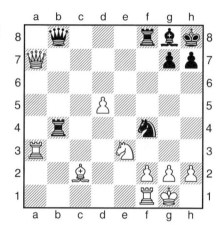

(그림 9) 흑 차례

백 포지션은 견고해 보이지만 흑이 다음과 같이 단 세 수만에 체크메이트를 할 수 있기 때문에 겉모습만 보고 판단할 수 없습니다. 1...Ne2+ 2 Kh1 Qxh2+! 3 Kxh2 Rh4.

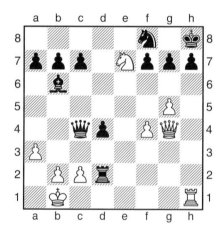

(그림 10) 백 차례

1 Rxh7+! 이후에 1...Nxh7은 2 Qc8+ Nf8 3 Qxf8+ Kh7 4 Qg8으로 메이트 됩니다. 만약 흑이 1...Kxh7을 했다면 백은 2 Qh5, 2 Qh4, 그리고 2 Qh3 중 하나 를 고를 수 있는데, 모두 메이트가 됩니다!

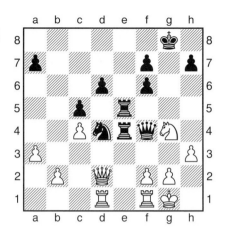

(그림 11a) 흑 차례

메이트로 최종 결론이 나기 때문에 h-파일을 여는 화려한 희생이 가능합니다. 우선 다음과 같은 수로 퀸을 희생합니다. 1...Ne2+ 2 Kh1 Qxg4! 3 hxg4. (그림 11b)

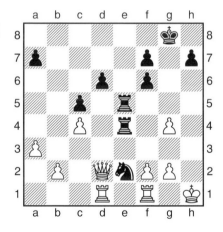

(그림 11b) 흑 차례

g4에 백의 폰이 있는데 흑이 어떻게 h-파일에서 체크할 수 있을까요? 답은 놀라운 룩 희생입니다. 3...Rh5+! 4 gxh5 Rh4 체크메이트.

상대가 f-폰 없이 수비한다면

Missing f7-pawn

f-폰이 없으면 대각선이 더 길어져요

흑의 f7-폰은 방어를 위해 중요한 폰입니다. 만약 f7-폰을 움직이거나, 잃거나, 또는 교환된다면 캐슬링 된 킹이 공격받기 더 쉬워지는 경우가 많습니다. 특히 백 비숍이 a2-g8 대각선을 차지하고 있는 경우(보통은 비숍이 c4나 b3-칸에 있음)가 이에 해당됩니다. 흑 킹은 일반적으로 h8-칸에 있으며 자신의 g7-폰과 h7-폰에게 공격으로부터 보호받고 있습니다. 문제는 백 비숍이 g8-칸을 통제하고 있기 때문에 흑 킹은 도망칠 칸이 거의 없다는 것입니다.

만약 백이 퀸이나 룩으로 h-파일에서 체크할 수 있다면, 흑 킹은 반드시 큰 곤경에 처하게 됩니다. 그러므로 백의 목표는 가능한 모든 방법으로 h-파일을 열어야하는데, 이 방법은 일반적으로 희생을 의미합니다.

(그림 11a) 백 차례

흑 킹은 현재 h7-폰에 의해 보호받고 있습니다. 백은 나이트를 희생하여 h-파일을 엽니다. 1 Nxh7 Kxh7. (그림 12b)

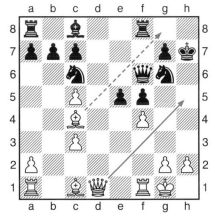

(그림 12b) 백 차례

2 Qh5를 두어 체크메이트 시킬 수 있습니다. c4에 있는 백 비숍이 흑 킹의 탈출구(g8-칸)를 막고 있는 모습에 주목해 주세요. 바로 f7에 흑 폰이 없기 때문에 가능합니다.

23

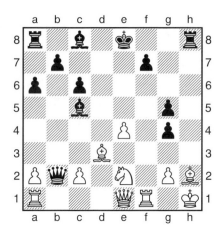

(그림 13) 흑 차례

여기서는 h-파일이 이미 열려있고 흑 룩은 이 점을 활용하고 싶어 몸이 근질거립니다. 1...Rxh2+ 2 Kxh2 Qh8+ 이후에 백은 메이트 됩니다. 3 Kg3 Qh4.

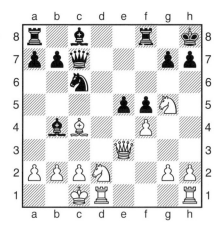

(그림 14) 백 차례

1 Nxh7 Kxh7 2 Qh3+ Kg6 이후에 백 퀸이 흑 킹에게 다가갑니다.

3 Qg3+ Kh7 (3...Kf6는 4 Qg5 메이트) 4 Qh4+ Kg6 5 Qg5+ Kh7 6 Qh5로 메이트 됩니다.

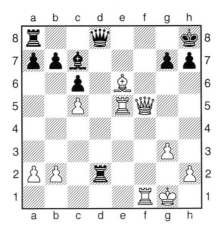

(그림 15a) 백 차례

퀸을 희생하기 전에 흑 킹이 g6-칸을 통해 안전하게 빠져나갈 수 없다는 것을 확인해야만 합니다. 그리고 백이 시작합니다. 1 Qxh7+ Kxh7 2 Rh5+. (그림 15b)

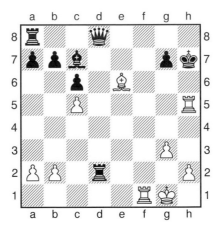

(그림 15b) 흑 차례

흑 킹이 빠져나갈 수 있지만, 잠시일 뿐입니다. 2...Kg6 이후에 3 Bf7 체크메이트로 깔끔하게 마무리합니다.

아라비안 메이트
The Arabian Mate

룩과 나이트가 맞물려 있다

미들게임 후반과 엔드게임에서는 룩이 진가를 발휘합니다. 룩은 열린 파일과 랭크에 있을 때 가장 효과적인데, 일반적으로 경기 후반부(다양한 피스와 폰이 교환되는 시점)에 해당합니다. 대체적으로 룩이 상대의 7-랭크 또는 8-랭크에 침투할수 있다면 상대에게 압박을 가할 수 있게 됩니다. 여기에 백 나이트를 f6-칸에 추가하면 매우 일반적인 종류의 메이트 그물이 나타납니다.

'체크메이트의 기술'*에서 르노와 칸에 따르면, 룩과 나이트로 이뤄지는 이 아라비안 메이트는 기록상 가장 이른 것으로 여겨집니다. 왜냐하면 15세기에 다른 체스피스들 대부분의 능력이 수정되었는데, 오직 룩과 나이트, 그리고 킹만이 옛날부터지금까지 언제나 똑같은 방법으로 이동했기 때문입니다.

---

* 역주: 빅터 칸Victor Kahn과 조르주 르노Georges Renaud가 쓴 책. 1953년에 출판되었습니다.

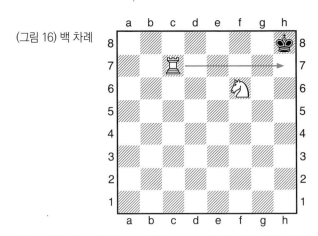

(그림 16) 백 차례

일곱 번째 랭크의 룩으로 백은 1 Rh7 메이트를 만들 수 있습니다. f6에 훌륭하게 배치된 나이트는 룩을 보호하면서 탈출구인 g8-칸을 가져갔습니다.

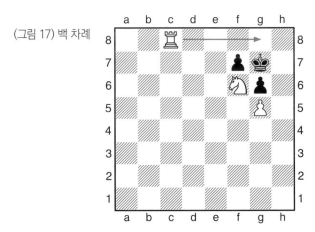

(그림 17) 백 차례

여덟 번째 랭크의 룩으로 1 Rg8을 두면 백이 메이트 할 수 있습니다. 백 나이트는 잡히지 않도록 g5-폰에 의해 보호받고 있으며, g5-폰은 h6-칸 또한 막아주고 있습니다.

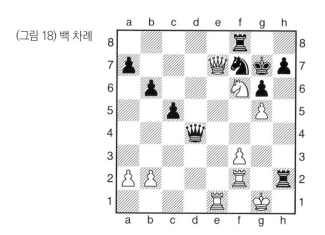

(그림 18) 백 차례

흑이 약간 기분 나쁜 위협을 하고 있지만 백은 체크로 강제 메이트를 만들 수 있습니다. 1 Qxf8+ Kxf8 2 Re8+ Kg7 3 Rg8 메이트입니다.

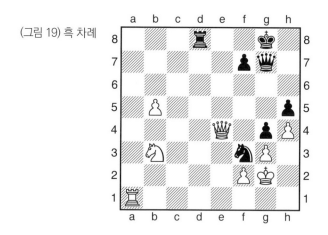

(그림 19) 흑 차례

1...Qxa1! 백-랭크의 방어자를 제거합니다. 2 Nxa1 Rd1 이후에 흑은 3...Rg1 메이트 위협(백이 3 Qe8+를 하면 Kg7을 두면 됨)으로 승리하게 됩니다.

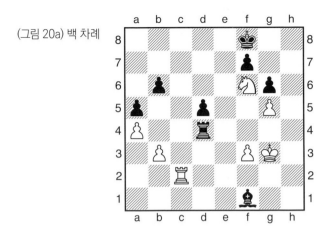

(그림 20a) 백 차례

1 Rc1!이라는 미묘한 수가 흑에게 문제를 일으킵니다. (1...Be2 2 Rc8+ Ke7 3 Re8+로 킹과 비숍이 스큐어에 걸립니다.) 최선의 수인 1...Ba6를 하면, 2 Re1을 합니다. (그림 20b)

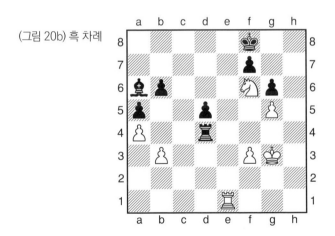

(그림 20b) 흑 차례

엔드게임 메이트 그물은 백에 의해 정교하게 짜여 있습니다. 흑 차례이지만 백의 3 Re8+ Kg7 4 Rg8 체크메이트 위협을 방어할 방법이 없습니다.

필리도어의 유산
Philidor's Legacy

여러분의 아빠가 질색할 질식 메이트

이 인상적인 고전 작품은 여러 세대를 사로잡았습니다. 가장 잘 알려진 버전은 18세기 프랑스의 유명한 선수였던 프랑수아 앙드레 필리도어François-André Philidor의 이름을 따왔습니다.

스모더드 메이트는 킹이 자신의 방어자들에게 완전히 둘러싸였을 때 발생하며, 나이트의 체크로 메이트가 만들어집니다. 필리도어의 고전적인 버전(사실은 1497년 루세나Lucena에 의해 처음 출판됨)은 멋진 퀸 희생에 이어 나이트로 체크메이트하는 것을 뜻하는데, 이 체크메이트는 아마도 체스에서 가장 유명한 미들게임 테마일 것입니다. 유감스럽지만 가장 유명하다는 말은 곧 많은 사람들이 그것을 알고 피할 수 있다는 말일 수 있습니다. 그렇지만 비록 스모더드 메이트가 체스 보드에서 실제로 일어나지 않더라도 경기 진행에 영향을 미칠 수는 있겠죠.

(그림 21a) 흑 차례

백 퀸이 지금 막 d5에서 체크를 했습니다. 흑이 1...Kh8을 (1...Kf8은 2 Qf7로 체크메이트) 두었다면 백은 이렇게 합니다. 2 Nf7+ Kg8 3 Nh6++. (그림 21b)

(그림 21b) 흑 차례

흑이 더블 체크(백 퀸, 그리고 백 나이트로부터) 상태이기 때문에 무조건 킹을 이동해야 합니다. 3...Kh8. (그림 21c) (3...Kf8은 다시 4 Qf7으로 메이트 됩니다)

(그림 21c) 백 차례

이제 거의 모든 훈련 매뉴얼에 나온 것처럼 빛나는 퀸 희생을 할 때입니다. 4 Qg8+ Rxg8. (그림 21d)

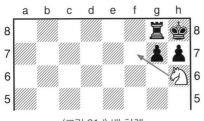

(그림 21d) 백 차례

흑 룩은 자신의 킹을 가둘 수밖에 없었습니다. 백 나이트는 5 Nf7 체크메이트로 의기양양하게 귀환합니다.

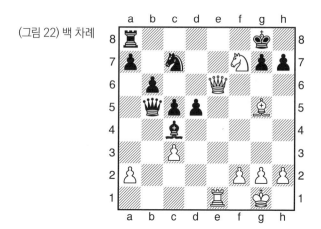

(그림 22) 백 차례

흑 나이트의 퀸에 대한 공격은 백의 첫 수가 <u>더블 체크</u>이기 때문에 의미가 없습니다. 1 Nh6++ Kh8 2 Qg8+ Rxg8 3 Nf7 체크메이트.

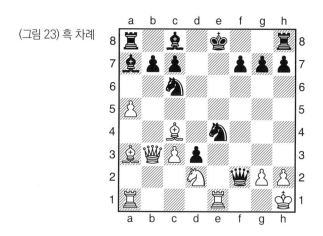

(그림 23) 흑 차례

흑이 곤경에 빠진 것처럼 보이지만 놀라운 <u>디코이 희생</u>으로 흑 나이트를 핀에서 풀어내고 상황을 역전시킵니다. 1...Qg1+ 2 Rxg1 Nf2 메이트.

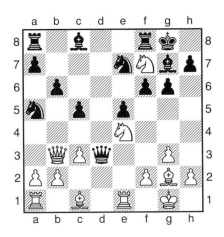

(그림 24) 백 차례

흑이 f7-칸을 방어하고 있는 상황이라면, 1 Nh6++ Kh8 2 Nf7+ 등의 무한 체크에 의해 무승부를 만들 수 있습니다. 2 Qg8+??는 2...Nxg8! 3 Nf7+ Rxf7이기 때문에 큰 실수입니다.

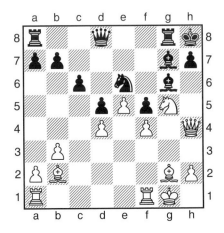

(그림 25) 백 차례

g6에 있는 흑 비숍이 나이트의 스모더드 메이트를 방어하고 있습니다. 백은 여기서 디코이 희생을 하여 승리할 수 있습니다. 1 Qxh7+ Bxh7 2 Nf7 메이트.

세미 스모더드 메이트
Semi-Smothered Mate

사람들이 잘 모르는 메이트

'필리도어의 유산' 메이트(치명적인 체크메이트 4)가 워낙 잘 알려져 있기 때문에, 일부 비슷한 형태의 메이트는 오히려 놓치는 경우가 있습니다.

세미 스모더드 메이트에서는 킹이 자신의 피스들에게 일부만 막혀 있습니다. 가장 일반적인 형태(일반 스모더드 메이트처럼)는 탈출구를 없애기 위해 날벼락 같은 퀸 희생을 먼저 하는 것이 특징이며, 그 다음 나이트의 체크메이트가 이어집니다.

이러한 복합적인 세미 스모더드 메이트는 일반 스모더드 메이트보다 더 희귀하고 덜 알려져 있어서, 심지어 마스터급의 강력한 선수들도 이 메이트에 당하곤 합니다.

(그림 26a) 백 차례

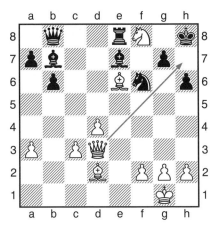

1 Qh7+로 백 퀸을 희생시킵니다. 흑은 어쩔 수 없이 나이트로 퀸을 잡는 수가 강제(f8에 있는 백 나이트가 퀸을 지켜주어서 ...Kxh7을 막고 있음)됩니다. 1...Nxh7 (그림 26b)

(그림 26b) 백 차례

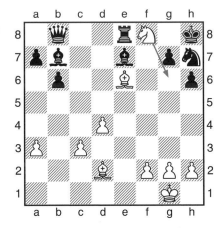

흑이 스스로 h7-칸을 막아버렸기 때문에 백은 이제 2 Ng6로 체크메이트를 만들 수 있습니다. e6에 있는 백 비숍이 g8-칸을 통제하고 있는 모습에 주목하세요.

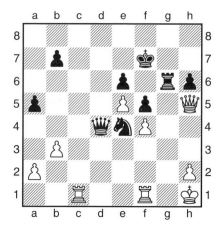

(그림 27) 흑 차례

흑이 1...Nf2+를 한다면 백은 2 Rxf2로 해결할 수 있습니다. 그런데 흑에게 더 좋은 방법은 없을까요? 사실 퀸 희생으로 시작한다면 1...Qg1+ 2 Rxg1 Nf2로 전형적인 세미 스모더드 메이트를 만들 수 있습니다.

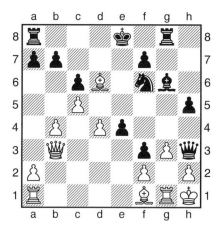

(그림 28) 흑 차례

백 비숍이 지금 막 f1-칸으로 와서 h3-칸에 있는 흑 퀸을 쫓아내려고 합니다. 흑은 퀸을 뒤로 후퇴하는 대신 1...Ng4 2 Bxh3 Nxf2로 체크메이트를 만듭니다.

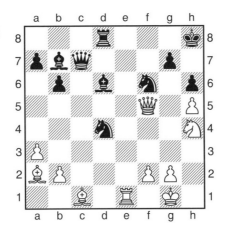

(그림 29a) 백 차례

흑은 1 Ng6+ 이후에 1...Kh7 2 Nf8++로 더블 체크를 허용하겠지만, 2...Kh8(그림 29b)을 두고 나면 백이 당연히 나이트로 반복 체크를 할 것이라고 생각합니다.

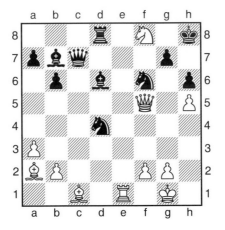

(그림 29b) 백 차례

하지만 a2에서 g8까지의 대각선을 바라보는 백 비숍은 세미 스모더드 메이트의 가능성을 알려줍니다. 백은 3 Qh7+ Nxh7 4 Ng6로 강제 메이트를 만듭니다.

h8-칸에서 룩 1개 희생
Single Rook Sacrifice on h8

이 멋진 디코이 희생으로 친구들에게 관심을 끌어보세요

이 희생은 간단하면서도 굉장히 멋집니다. 그저 비어 있는 h8-칸에 룩을 희생하는 거죠. 흑이 백 룩을 잡을 때 백 퀸이 시간을 벌며 h-파일로 오거나, h7에서 즉시 메이트를 하는 공격 아이디어를 갖고 있습니다.

h8-칸에서 룩 1개 희생은 항상 다음 중 하나(또는 둘 다)의 경우를 말합니다.

1) 디코이 희생: 흑 킹이 절대 원치 않는 칸으로 끌려 나오도록 만듭니다.

2) 비우기 희생: 백 룩이 자신의 퀸을 위해 칸을 비워줍니다.

이 희생들은 대담하고 공격적인 플레이어를 위한 가장 기본적 전술 테마입니다.

(그림 30a) 백 차례

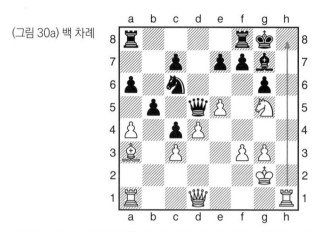

백이 1 Rh8+! 룩 희생을 하면 흑은 두 가지 중 선택해야 합니다. 1...Kxh8은 2 Qh1+ Kg8 3 Qh7으로 메이트 되므로, 흑은 1...Bxh8(그림 30b)으로 되잡습니다.

(그림 30b) 백 차례

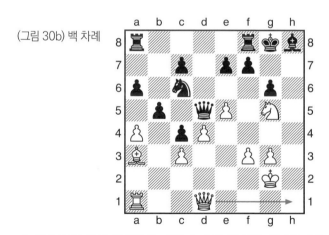

2 Qh1을 두어 룩 희생으로 비워진 칸에 백 퀸을 데려옵니다. 흑은 이 공격을 막을 수 없습니다. 예를 들자면 2...Rfc8 3 Qh7+ Kf8 4 Qxh8과 같은 수로 백이 곧 승리합니다.

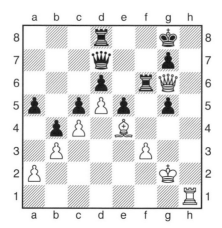

(그림 31) 백 차례

1 Qh7+는 흑 킹이 안전하게 f8이나 f7으로 피할 수 있기 때문에 백은 끝내주는 디코이 희생을 끼워 넣습니다. 1 Rh8+. 흑이 1...Kxh8으로 룩을 잡으면 2 Qh7으로 체크메이트입니다.

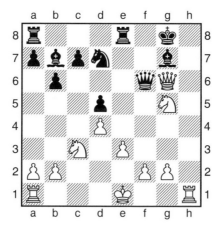

(그림 32) 백 차례

지금 백은 피스가 부족한 상황이지만 역시 똑같은 룩 디코이 희생 아이디어로 단숨에 역전합니다. 1 Rh8+ Kxh8 2 Qh7으로 메이트입니다.

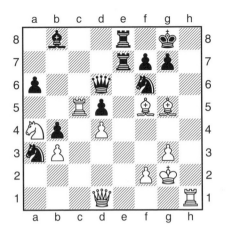

(그림 33a) 백 차례

조금 더 확장된 버전은 수를 두는 순서가 중요합니다. 1 Rh8+! 이후 Kxh8 2 Qh1+ Kg8이 되었을 때, 백은 3 Bxf6로 흑의 중요한 수비수인 나이트를 제거합니다. (그림 33b)

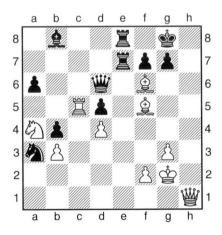

(그림 33b) 흑 차례

흑은 어떤 수를 두어도 지게 됩니다! 백의 위협은 4 Qh7+ Kf8 5 Qh8 체크메이트이며, 흑이 비숍을 되잡지 않는 3...g6를 해도 4 Qh8으로 메이트 됩니다. 아주 멋진 아이디어네요!

h8-칸에서 룩 2개 희생
Double Rook Sacrifice on h8

'고생도 두 배, 불행도 두 배, 이제 h-파일의 약점도 두 배'*

만약 h-파일이 열려 있다면(즉, h-파일에 폰이 없는) 퀸과 룩처럼 체스 보드의 대포 같은 피스들로 직접 공격하기에 완벽한 조건이 됩니다. 이러한 상황에서는 룩을 더블링할 수 있는지, 또는 룩과 퀸을 더블링할 수 있는지 항상 생각해야 합니다. 만약 그럴 수만 있다면, h-파일을 상대의 킹에게 바로 이어지는 가상의 고속도로로 바꿀 수 있으니까요.

일단 자리를 잡으면 헤비급 피스들의 강력한 공격력을 볼 수 있게 됩니다. 흑의 킹사이드 수비 형태에 따라 그 방어 요새를 어떻게 부술지 생각해 봐야 하는데요. 흑이 비숍을 g7으로 피앙케토 했을 경우(가장 견고한 방어 구조 중 하나임), 이것을 어떻게 부술지에 대해 진정한 결단력이 필요하며, 이 방법은 꼭 배워둘 필요가 있습니다.

---

* 역주: 세익스피어의 맥베드에 나오는 마녀들의 주문인 'Double, double, toil and trouble'을 인용하였습니다. 영화 '해리포터와 아즈카반의 죄수'의 합창 장면에서도 사용된 유명한 구절입니다.

42

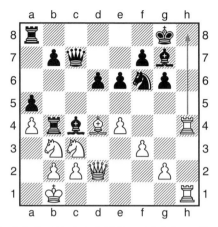

(그림 34a) 백 차례

룩이 h-파일에서 멋지게 더블링되어 있네요. 하지만 g7에 있는 흑 비숍이 전투에 뛰어들려는 백 퀸을 막고 있습니다. 따라서 다음과 같이 시작합니다. 1 Rh8+ Bxh8 2 Rxh8+. (그림 34b)

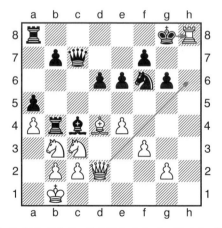

(그림 34b) 흑 차례

룩 2개를 희생한 대가로 비숍을 제거했습니다. 2...Kxh8 이후에 3 Qh6+ Kg8 4 Bxf6면 다음 수에 Qh8으로 메이트되는 것을 흑이 막을 수 없습니다.

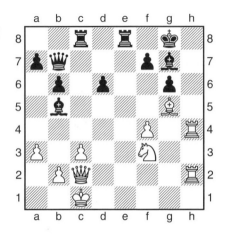

(그림 35a) 백 차례

놀라운 1 Rh8+!는 다시 한번 g7-비숍을 노리고 있습니다. 1...Bxh8 2 Rxh8+ Kg7! (그림 35b)이 최선의 수입니다. (왜냐하면 2...Kxh8은 3 Bf6+ Kg8 4 Qh2로 흑이 지기 때문에)

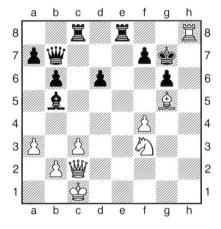

(그림 35b) 백 차례

콤비네이션은 한 번 더 룩 디코이 희생으로 이어집니다. 3 Rh7+! Kxh7(3...Kf8 은 4 Bf6 이후 1수 메이트) 4 Qh2+ Kg7(4...Kg8 역시 5 Bf6 이후 1수 메이트) 5 Qh6+ Kg8 6 Bf6 이후에 강제 메이트로 끝납니다.

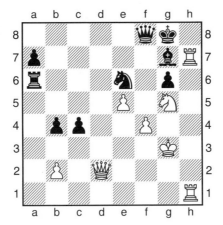

(그림 36a) 백 차례

또다시 한 번의 템포를 위해 백 룩 2개를 희생합니다. 1 Rh8+ Bxh8 2 Rxh8+ Kxh8 (그림 36b)으로 흑 킹이 h-파일로 유인되었네요.

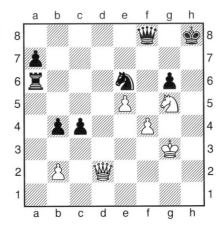

(그림 36b) 백 차례

3 Qh2+(체크를 하면서)로 강제 수를 두기 때문에 흑은 방어할 시간이 없습니다. 3...Kg8과 3...Kg7 모두 4 Qh7 체크메이트로 마무리됩니다.

다미아노 메이트
Damiano's Mate

아빠보다 더 나이 많은 짝

페드로 다미아노Pedro Damiano는 500여 년 전인 1512년에 이 놀라운 체크메이트를 선보였습니다.

이 체크메이트 상황이 자주 나오지는 않지만, 수준급 선수들은 몇 초 안에 이 아이디어를 알아낼 수 있습니다. 두 개의 룩은 비어 있는 h8-칸에서 희생되는데, 이 콤비네이션은 백의 모든 수가 체크로 진행되는 5수 강제 체크메이트입니다. 룩을 희생하는 목적은 세 가지가 있습니다. 백 퀸이 1-랭크를 따라 이동할 수 있도록 길을 열어주고, h1-칸을(퀸을 위해) 비워주며, 흑 킹을 h-파일로 유인하는 것.

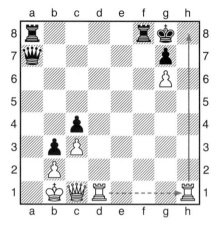

(그림 37a) 백 차례

흑이 1수 메이트로 위협하고 있기 때문에, 백의 모든 수는 체크로 이어져야 합니다. 1 Rh8+ Kxh8 2 Rh1+ Kg8 3 Rh8+ Kxh8. (그림 37b)

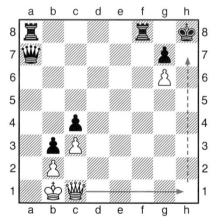

(그림 37b) 백 차례

백의 룩이 모두 사라졌습니다. 이제 퀸이 h1-칸에 들어갈 수 있으니 4 Qh1+ Kg8 5 Qh7으로 체크메이트를 할 수 있습니다.

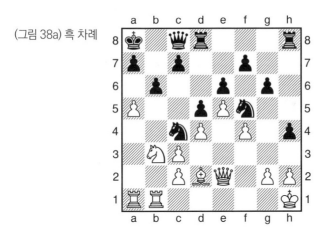

(그림 38a) 흑 차례

패턴들을 한 번 알고 나면 아주 긴 콤비네이션이라도 빠르게 찾아낼 수 있습니다. 흑이 나이트 희생으로 콤비네이션을 시작합니다. 1...Ng3+ 2 hxg3 hxg3+ 3 Kg1. (그림 38b)

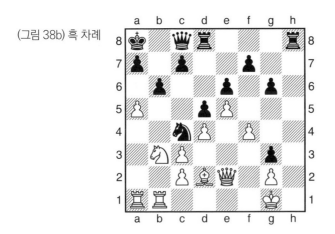

(그림 38b) 흑 차례

갑자기 다미아노 메이트의 익숙한 모습이 나타납니다. 3...Rh1+! 4 Kxh1 Rh8+ 5 Kg1 Rh1+ 6 Kxh1. (그림 38c)

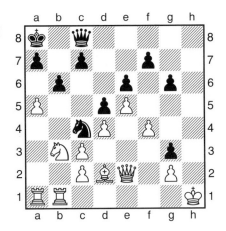

(그림 38c) 흑 차례

h1-칸에서 룩 2개를 희생한 후에, 흑 퀸이 <u>체크를 하며</u> h-파일로 옵니다.
6...Qh8+ 7 Kg1 Qh2+ 8 Kf1. (그림 38d)

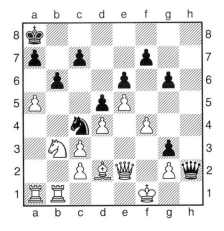

(그림 38d) 흑 차례

그리고 마침내 흑이 8...Qh1으로 체크메이트를 합니다. 몇 가지 일반적인 패턴으로 이루어져 있으므로, 9수의 긴 콤비네이션이라도 비교적 간단하네요!

타이마노프 나이트 체크
Taimanov's Knight Check

기억해야 할 나이트

피스를 희생해서 상대의 h-폰을 잡고 h-파일을 여는 것은 익숙한 개념이지만, 이런 솔직한 방법이 항상 유용한 것은 아닙니다. h-폰의 대각선 앞에 있는 g6-칸에 백 나이트를 희생하는 조금 더 미묘한 방법도 있답니다. 1977년 레닌그라드에서 열린 카르포프Karpov와 타이마노프Taimanov의 멋진 경기의 이름을 따서, 저는 '타이마노프 나이트 체크'라고 부릅니다. 이 테마는 당시 세계 챔피언인 카르포프를 상대로 승리하는 데 사용되었습니다. 물론 이 개념은 타이마노프의 경기보다 먼저 나왔으며, 이 테마의 다양한 요소들이 설명된 책이 출판된 것은 무려 1619년이랍니다!

이 테마의 고급 버전에는 완전히 닫혀 있는 h-파일(즉, 백과 흑의 h-폰이 모두 보드 위에 있는 경우)을 강제로 열도록 만드는 방법도 있습니다. 이 특별한 동작을 수행하기 위해서는 우선 나이트로 체크하기 전에 공격하는 쪽의 h-폰이 5-랭크로 전진 되어 있어야 합니다.

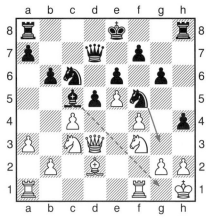

(그림 39a) 흑 차례

흑 비숍이 g1-칸을 컨트롤하고 있기 때문에 열린 h-파일은 백에게 재앙이 될 것입니다. 그래서 흑은 1...Ng3+를 해서 백이 강제로 나이트를 잡도록 만듭니다. 2 hxg3. (그림 39b)

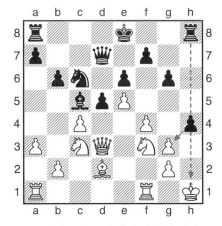

(그림 39b) 흑 차례

흑이 2...hxg3+로 폰을 되잡으면 h-파일이 갑자기 열리고, 백은 흑 룩으로부터 치명적인 디스커버드 체크에 노출됩니다. 3 Nh2로 막아보지만 3...Rxh2 체크메이트로 끝납니다.

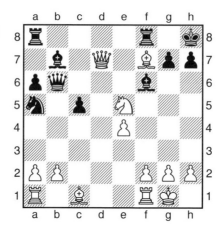

(그림 40) 백 차례

g8-칸을 컨트롤하고 있으면 백이 나이트를 희생해서 h-파일을 강제로 열 수 있으므로, 1 Ng6+ hxg6 2 Qh3+ Bh4 3 Qxh4 체크메이트로 이어집니다.

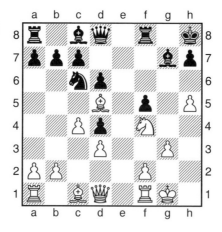

(그림 41) 백 차례

1 Ng6+ hxg6 2 hxg6 이후에 흑은 방어에 성공한 것 같지만 전혀 그렇지 않습니다. 흑은 백의 다음 수인 3 Qh5+라는 치명적인 체크를 막을 방법이 없습니다.

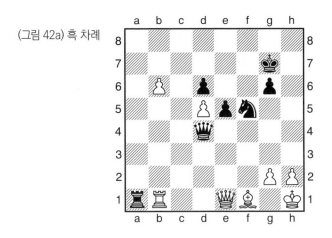

(그림 42a) 흑 차례

이 예제가 바로 마법 같은 카르포프와 타이마노프의 경기입니다. 흑의 1...Ng3+!를 2 hxg3(그림 42b)로 잡아냅니다. (왜냐하면 2 Qxg3는 2...Rxb1을 허용하기 때문에) 이제 h-파일이 열리고 말았네요.

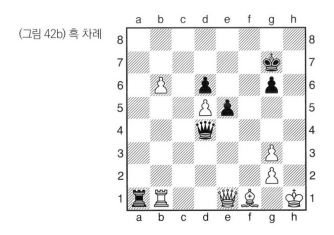

(그림 42b) 흑 차례

흑이 여기서 놀라운 룩의 후퇴를 보여줍니다. 2...Ra8! 백은 흑의 다음 수인 3...Rh8+를 막을 수 없으므로 흑의 승리입니다.

시소
The See-Saw

아빠의 두 번째 랭크에 있는 모든 걸 먹어 치우자

룩으로 체크하고, 잡고. 또 룩으로 체크하고, 잡는다. 여러분은 원하는 만큼 연속으로 움직일 수 있고, 상대방은 속수무책으로 보고만 있다고 상상해 보세요. 믿거나 말거나 이 꿈은 여러분이 공포의 시소를 준비한다면 거의 다 실제로 일어날 수 있는 이야기입니다. 이 굉장한 작전은 체크와 디스커버드 체크를 번갈아 하는 것입니다.

가장 일반적인 시소는 백 룩이 g7-칸에 있고 백 비숍이 a1-h8의 긴 대각선에 있는 것이 특징입니다. 흑 킹은 h8에 있어서 두 번째 수마다 디스커버드 체크에 노출되고, 룩은 일곱 번째 랭크를 따라가며 그저 마구 먹어 치웁니다. 자신의 킹이 계속된 체크에서 벗어나기 위해 왔다 갔다 움직일 때, 불운한 수비수들은 피스와 폰들이 하나씩 제거되는 걸 지켜볼 수밖에 없습니다.

시소

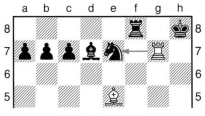

(그림 43a) 백 차례

1 Rxe7+는 백이 룩으로 흑 나이트를 잡으면서 동시에 e5에 있는 백 비숍으로부터 디스커버드 체크가 되기 때문에, 흑은 무조건 1...Kg8(그림 43b)을 두어야 합니다.

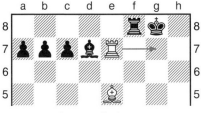

(그림 43b) 백 차례

2 Rg7+ Kh8으로 백은 또 다시 디스커버드 체크의 가능성을 만들어 놓습니다. 3 Rxd7+ Kg8 4 Rg7+ Kh8. (그림 43c)

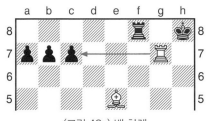

(그림 43c) 백 차례

시소가 한창 진행중입니다. 5 Rxc7+ Kg8 6 Rg7+ Kh8 7 Rxb7+ Kg8 8 Rg7+ Kh8 9 Rxa7+ Kg8. (그림 43d)

(그림 43d) 백 차례

흑은 나이트와 비숍, 그리고 세 개의 폰들을 공짜로 넘겨주었으며, 심지어 차례도 넘겨주었습니다.

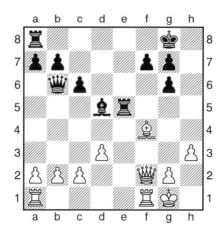

(그림 44a) 흑 차례

1...Re2!는 백 퀸이 핀에 걸려 있어서 룩을 잡을 수 없다는 점을 이용하는 것입니다. 백이 2 Qxb6로 흑 퀸을 잡았을 때, 흑은 퀸을 바로 되잡지 않고 2...Rxg2+ 3 Kh1(그림 44b)으로 이제부터 시소를 시작합니다.

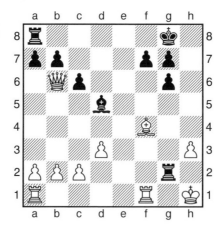

(그림 44b) 흑 차례

3...Rxc2+ 4 Kg1 Rg2+ 5 Kh1 Rxb2+ 6 Kg1 Rg2+ 7 Kh1 Rxa2+ 8 Kg1, 마지막에 8...axb6로 퀸을 되잡고 나면 흑이 폰 4개를 앞서게 됩니다.

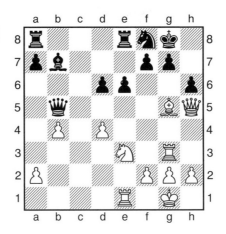

(그림 45a) 백 차례

시소를 준비할 때 가끔은 큰 물량을 투자해야 할 때도 있습니다. 이번에는 백이 퀸을 희생하려고 하네요. 1 Bf6 Qxh5 2 Rxg7+ Kh8. (그림 45b)

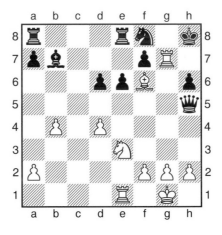

(그림 45b) 백 차례

3 Rxf7+ Kg8 4 Rg7+ Kh8 5 Rxb7+ Kg8 이후에 백은 이제 퀸을 되돌려 받습니다. 6 Rg7+ Kh8 7 Rg5+ Kh7 8 Rxh5 Kg6 9 Rh3 Kxf6 10 Rxh6+로 백이 유리해집니다.

페트로시안 무승부
The Petrosian Draw

7-랭크라고 다 이기는 건 아니야

이와 같은 포지션은 너무 강력해서, 역설적이게도 흔하게 무승부가 나오곤 합니다. 이에 대한 유명한 예시는 모스크바에서 열린 티그란 페트로시안Tigran Petrosian과 보리스 스파스키Boris Spassky의 1966년 세계 챔피언 결정전 12차전에서 나왔습니다.

백 비숍이 긴 대각선을 차지하고 있으며 g7에 있는 룩이 h8에 있는 흑 킹을 가로막고 있는 포지션은 몇몇 다른 상황에서도 일어나곤 합니다. 비숍에 의해 디스커버드 체크가 일어나기 때문에, 룩을 움직이겠다는 위협은 매우 강력한 힘을 갖고 있습니다. 그렇다면 왜 이런 강력한 포지션이 때때로 무승부로 끝나는 걸까요?

그 이유는 백이 이런 상황을 만들기 위해 종종 큰 희생을 치렀기 때문인데요. 만약 백이 실제로는 충분한 물량을 되찾지 못했을 경우, 무한 체크를 해서 강제 무승부를 만드는 경우가 흔하게 있기 때문입니다.

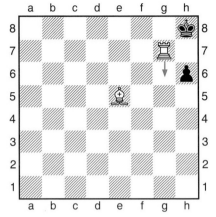

(그림 46) 백 차례

이러한 형태의 포지션에서 백이 1 Rg6+ Kh7 2 Rg7+로 무한 체크를 강제할 수 있는데, 흑의 h-폰이 자신의 킹이 빠져나가는 것을 막고 있기 때문입니다.

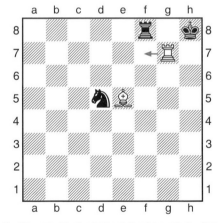

(그림 47) 백 차례

이 경우에는 f8에 있는 흑 룩이 킹의 길을 막고 있기 때문에, 1 Rf7+ Kg8 2 Rg7+가 무승부를 강제하는 올바른 방법입니다.

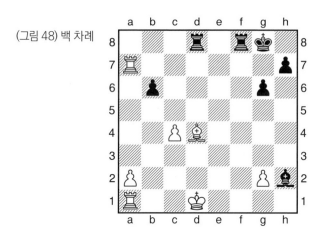

(그림 48) 백 차례

핀에 걸린 백 비숍이 무한 체크로 인해 살 수 있습니다. 1 Rg7+ Kh8 2 Rd7+ (2 Rxg6+? Rxd4+가 되기 때문에 d7이 유일한 칸입니다) 2...Kg8 3 Rg7+로 무승부가 됩니다.

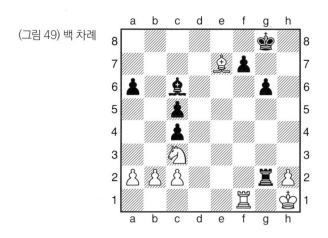

(그림 49) 백 차례

백이 피스에서 앞서고 있지만 흑이 곧 디스커버드 체크를 할 수 있기 때문에 백은 흑 비숍을 반복해서 공격하여 강제 무승부를 만듭니다. 1 Rf6 Bb7 2 Rb6 Bf3 3 Rf6 Bb7 등.

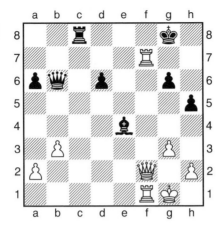

(그림 50a) 흑 차례

여기에 완전히 진 포지션에서 무승부를 만들어 0.5점을 구해낼 수 있는 훌륭한 방법이 있습니다. 1...Rc2! 2 Qxb6 (2 Rf8+ Kg7은 차이가 없음) 2...Rg2+ 3 Kh1. (그림 50b)

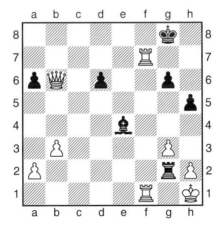

(그림 50b) 흑 차례

이제 흑 룩은 어느 칸으로 갈 것인지 정확하게 선택해야 합니다. 3...Rf2+! (3...Rxg3+?로 가면 안됩니다. 4 R7f3 Bxf3+ 5 Rxf3로 지게 됨) 4 Kg1 Rg2+ 5 Kh1 Rf2+!로 강제 무승부를 만듭니다.

Rh8+ & Nxf7+ 트릭

The Rh8+ & Nxf7+ Trick

퀸을 잡는 얄미운 나이트 포크

다음의 경우 작은 함정을 조심하세요.

1) 백은 나이트가 g5 또는 e5에 있고

2) 흑은 킹사이드 캐슬링을 했으며, h-폰이 없다.

따로 설명이 필요 없는 제목에서 알 수 있듯이, 이번 테마는 백 룩이 h8에서 체크(흑 킹을 유인하기 위해)를 할 것입니다. 그리고 백 나이트가 f7-칸을 차지하며 체크를 해서 흑 킹과 다른 피스를 나이트로 포크하게 됩니다. 쉽고 효과적이죠!

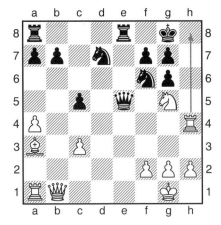

(그림 51a) 백 차례

폰 1개를 앞서고 있는 흑의 희망이 단 한 수의 디코이 희생으로 산산조각이 납니다. 1 Rh8+. 킹은 1...Kxh8(그림 51b)으로 룩을 잡을 수밖에 없습니다.

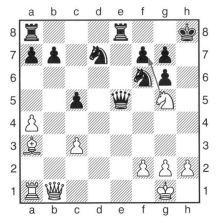

(그림 51b) 백 차례

2 Nxf7+으로 h8에 있는 흑 킹과 e5에 있는 흑 퀸을 동시에 공격합니다. 흑 킹은 무조건 체크에서 벗어나야 하기 때문에 흑은 퀸을 잃게 됩니다.

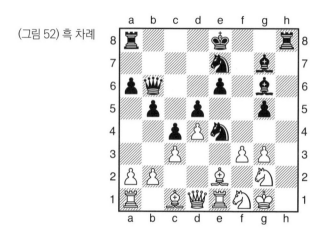

(그림 52) 흑 차례

f2-칸에 폰이 없어도 아무런 차이가 없습니다(비록 생각을 시각화하기는 더 어려울 수 있지만 말이죠). 1...Rh1+ 2 Kxh1 Nf2+로 백 킹과 퀸을 포크합니다.

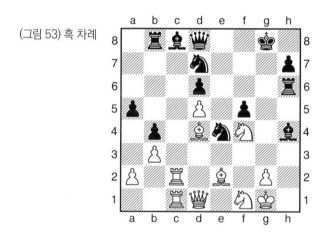

(그림 53) 흑 차례

이번에 살펴볼 매우 멋진 버전은 디코이 희생이 두 번이라는 게 특징입니다. 1...Bf2+! 2 Bxf2 Rh1+ 3 Kxh1 Nxf2+ 그리고 또 한 번 백은 퀸을 잃게 되네요.

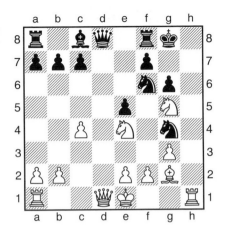

(그림 54) 백 차례

f7-폰이 지켜지고 있다고 해서 안전이 보장되지 않습니다. 1 Rh8+! Kxh8 2 Nxf7+ Rxf7 3 Qxd8+로 백은 룩과 나이트를 내주고 퀸과 폰을 가져옵니다.

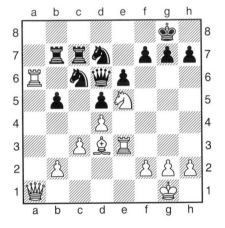

(그림 55) 백 차례

콤비네이션이 용이하도록 -파일을 강제로 열 수 있습니다. 1 Bxh7+!로 폰을 잡습니다. 만약 1...Kxh7으로 비숍을 되잡는다면, 다음과 같이 진행합니다. 2 Rh3+ Kg8 3 Rh8+ Kxh8 4 Nxf7+ Kg8 5 Nxd6.

블랙번 메이트
Blackburne's Mate

해적이 만들었을 것 같은 메이트

두 개의 비숍이 협동해서 메이트를 만드는 방법이 있는데, 영국의 체스 선수인 조셉 블랙번Joseph Blackburne(1841~1924)의 이름을 따 블랙번 메이트라고 합니다. 약간 무모한 모험담처럼 들리는, 그리고 실제로도 그런, 이번 테마의 제목은 미들 게임의 중요한 요소가 되는 콤비네이션입니다. 기본 패턴은 백이 g5에 나이트가 있고, 두 개의 비숍이 각각 a1에서 h8의 대각선과 b1에서 h7까지의 대각선을 겨냥하고 있어야 합니다. 일반적으로는 대각선을 열기 위해 희생을 한 후, 비숍이 h7으로 와서 g8-칸에 있는 흑 킹을 메이트 시킵니다.

블랙번 메이트는 자주 나오는 메이트는 아니지만 이 개념은 알아둘 가치가 있습니다. 엄밀히 말하면, 백의 밝은 칸 비숍이 a2-g8 대각선에 있고, 흑 킹이 h8에서 메이트되는 희귀한 버전의 블랙번 메이트도 있습니다.

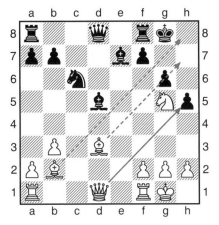

(그림 56a) 백 차례

백 비숍들이(b2와 d3에서) 어떻게 흑 킹을 겨냥하고 있는지 주목하세요. 백은 퀸을 희생하며 블랙번 메이트를 시작합니다. 1 Qxh5 gxh5. (그림 56b)

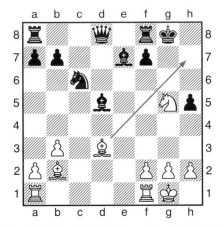

(그림 56b) 백 차례

흑 킹에게 이어지는 대각선이 강제로 열렸기 때문에 백은 2 Bh7으로 체크메이트를 만들 수 있습니다. h7에 있는 비숍은 g5에 있는 나이트가 지켜주고 있습니다.

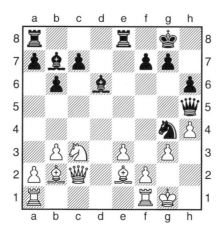

(그림 57) 흑 차례

1...Qxh4를 두면 즉시 이길 수 있습니다. 2 gxh4 Bh2로 메이트가 됩니다. 백이 2 Bxg4로 나이트를 잡으며 방어하는 것은, 2...Qh1으로 메이트되기 때문에 소용이 없습니다.

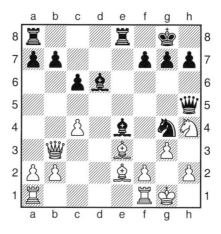

(그림 58) 흑 차례

1...Qxh4 이후에 백이 2 Bxg4로 되잡아야 합니다(2 gxh4는 2...Bxh2로 메이트이기 때문에). 하지만 2...Qxg4 이후에 흑은 남은 피스들로 손 쉽게 승리할 수 있습니다.

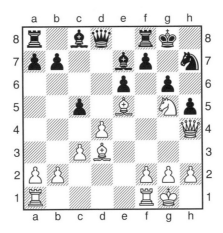

1 Qxh5 이후에 흑이 1...Bxg5(그림 59b)로 방어하는 것(1...Nxg5는 2 Qh8, 1...gxh5는 2 Bxh7으로 둘 다 메이트이므로 하면 안 됩니다)은 그럴듯해 보입니다.

(그림 59b) 백 차례

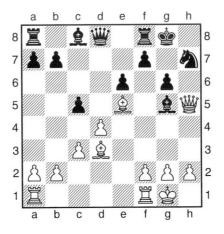

하지만 백이 2 Bxg6라는 반격으로 여전히 승리할 수 있습니다. 2...fxg6는 3 Qxg6로 메이트가 되며, 2...Nf6는 3 Bxf6 Qxf6 4 Qh7으로 메이트가 되기 때문에 방어할 수 없습니다.

보든 메이트
Boden's Mate

레밍*이 체스를 했다면 아마 이 메이트에 빠져버렸을거에요

   1853년 영국에서 열린 슐더Schulder와 보든Boden의 친선 경기가 단 15수 만에 끝난 적이 있습니다. 흑의 훌륭한 체크메이트는 너무 참신해서, 보든의 이름이 곧바로 이 전술에 붙여졌습니다. 이 패턴은 퀸사이드 캐슬링에서 일어나며 경험이 부족한 플레이어들이 간과하기 매우 쉽습니다. 심지어 매년 열리는 토너먼트의 강자들 중 몇 명이 위험 신호를 감지하지 못한 채 정면으로 덫에 뛰어들곤 합니다.

   기본 버전은 두 비숍의 십자 공격으로부터 킹을 지키고 있는 방어자를 제거하기 위해 갑작스러운 퀸 희생을 하게 됩니다.

---

*   역주: 레밍은 나그네쥐라고도 불리는 설치류의 일종입니다. 레밍들은 절벽에서 스스로 바다에 빠지는 행동을 하는 것으로 알려져 있는데, 작가는 함정을 눈치채지 못하고 빠진다는 표현을 한 것입니다.

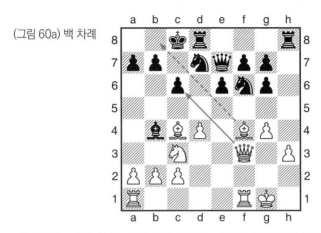

(그림 60a) 백 차례

f4에 있는 비숍이 흑 킹 주변의 중요한 칸들을 통제하고 있는 모습에 주목해 주
세요. 백 퀸이 1 Qxc6+ bxc6(그림 60b)로 드라마틱하게 희생을 합니다.

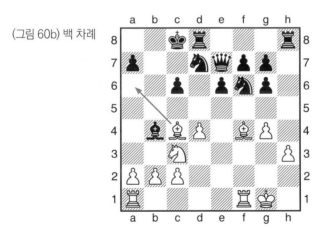

(그림 60b) 백 차례

퀸 희생으로 퀸사이드가 찢어져 열리게 되고, 놀랍게도 백이 2 Ba6를 두면 체크
메이트가 됩니다. 미들게임에서 메이트라니요. 그것도 단지 두 개의 비숍에 의해서
말이죠!

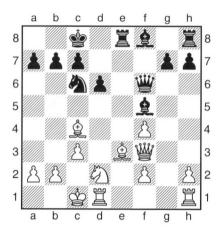

(그림 61a) 흑 차례

흑이 1...d5로 폰을 희생하는데, 백의 c4-비숍을 공격해 시간을 벌면서 f8에 있는 자신의 어두운 칸 비숍의 길을 열기 위함입니다. 백은 2 Bxd5(그림 61b)로 폰을 잡습니다.

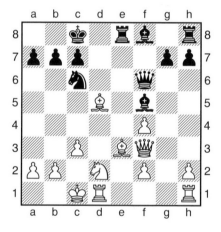

(그림 61b) 흑 차례

흑이 폰을 희생한 이유가 밝혀지는데요. 2...Qxc3+ 3 bxc3 Ba3로 메이트를 만들 수 있습니다. 이 멋진 콤비네이션은 1853년 보든의 실제 경기였습니다.

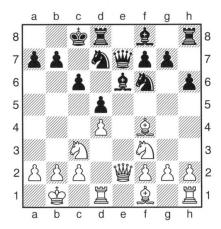

(그림 62) 백 차례

1 Qa6는 흑이 a7-폰을 방어할 수 없기 때문에 기막힌 승부수라고 할 수 있습니다. 만약 1...bxa6로 퀸을 잡으면, 2 Bxa6로 메이트이며, 1...Nh5는 2 Qxc6+!로 흑이 집니다.

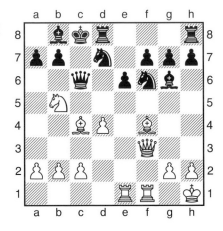

(그림 63) 백 차례

백이 통쾌한 콤비네이션으로 승리하기 위해 피스를 희생합니다. 1 Nxa7+ Bxa7 2 Qxc6+ bxc6 3 Ba6로 메이트 시킵니다.

또 다른 퀸사이드 메이트

Other Queenside Mates

메이트는 b8이 최고에요

퀸사이드 캐슬링은 킹사이드보다 덜 인기가 있습니다. 그 이유 중 하나는 퀸사이드 캐슬링은 자동으로 킹을 보드의 구석(보통 가장 안전한 곳)에 가깝게 이동하지 않기 때문입니다. 이 킹의 위치는 때때로 다른 공격 전략이 필요함을 의미하지요. 대표적인 콤비네이션은(흑의 c-폰이 이동한 경우) c6-칸에서 희생을 하고 b-파일로 룩이 침투하는 것과 관계가 있습니다.

보통 이런 종류의 전술로 메이트를 만들려면, <u>d7-칸으로 흑 킹이 빠져나가게 해서는 안됩니다.</u> 사실 보통의 경우 d7-칸은 흑 킹의 부하들이 막고 있기도 하는데요, 분명 이런 점들이 보든 메이트(치명적인 체크메이트 14)와도 비슷합니다.

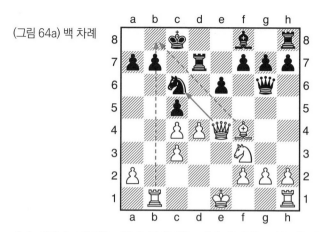

(그림 64a) 백 차례

b8-칸은 b1에 있는 룩과 f4에 있는 비숍의 위치로 볼 때, 잠재적으로 치명적인 약점이 됩니다. 따라서 백은 이렇게 시작합니다. 1 Qxc6+ bxc6. (그림 64b)

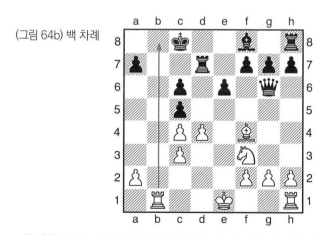

(그림 64b) 백 차례

퀸 희생으로 b-파일을 비틀어 열어서, 백 룩이 8-랭크로 바로 들어갈 수 있도록 만들었습니다. 백이 2 Rb8을 두면 체크메이트가 됩니다.

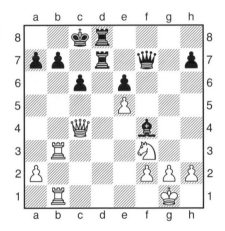

(그림 65) 백 차례

1 Qxc6+는 흑이 백 퀸을 잡을 수 없기 때문에 아무 대가 없이 폰을 잡습니다. 만약 1...bxc6로 퀸을 잡는다면, 2 Rb8+ Kc7 3 R1b7으로 메이트가 됩니다.

(그림 66) 흑 차례

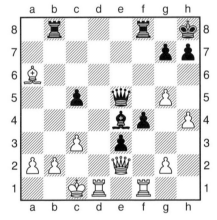

룩이 b-파일에 있고 비숍이 h7-b1 대각선을 차지하고 있다면 콤비네이션이 있다는 잠재적인 신호입니다. 흑은 1...Qxc3+ 2 bxc3 Rb1으로 메이트를 만들 수 있습니다.

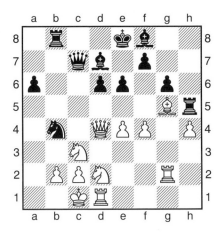

(그림 67a) 흑 차례

1...Qxc3는 백이 흑 퀸을 어떤 걸로 잡을지 선택을 할 수 있기 때문에 그냥 지나치기 쉬운 영리한 수입니다. 2 bxc3는 2...Na2로 즉시 메이트가 되므로, 퀸으로 되잡습니다. 2 Qxc3 Na2+. (그림 67b)

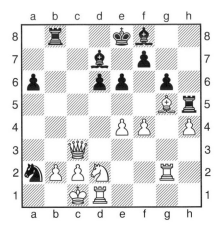

(그림 67b) 백 차례

흑 나이트의 교묘한 포크는 퀸을 되찾는 것보다 더 많은 일을 해 냅니다. 3 Kb1 Nxc3+를 하면 백의 b-폰은 핀에 걸려있기 때문에 흑이 여전히 피스에서 앞서게 됩니다.

더블 룩 희생
The Double Rook Sacrifice

아빠, 내 룩을 가져요!

'더블 룩 희생'이라는 말은 정말로 두 개의 룩을 모두 내 주는 특정한 방법입니다. 대부분의 희생(상대 킹을 노출시키기 위한 적극적인 수)과는 달리 이번 룩들은 수동적으로 상대에게 잡히게 됩니다. 상대는 룩 하나를 잡은 다음 다른 룩을 또 잡을 수 있는데, 룩들은 흔히 시작 위치에서 움직이지 않은 경우가 많습니다.

더블 룩 희생의 목적은 상대 퀸이 엉뚱한 곳으로 가도록 만드는 데 있습니다. 두 번째 룩을 잡은 퀸은 대부분 활약할 수 있는 중요한 지점에서 멀리 떨어져 있기 때문에 킹의 방어를 도울 수 없게 됩니다. 물론 하나든 둘이든 룩을 희생한다는 건 큰 대가를 치르는 일이지요. 따라서 더블 룩 희생을 하는 쪽은 다음 두 가지가 보장되어야 합니다.

1) 룩 두 개가 모두 잡힌 후에 무조건 체크메이트 공격이 성공해야 하며,

2) 상대는 룩을 하나만 잡고서 안전하게 빠져나갈 수 없어야 함.

(그림 68a) 흑 차례

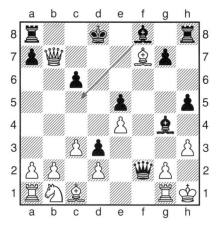

흑은 피스에서 지고 있기 때문에 날카롭게 행동해야 합니다. a8에 있는 룩이 위협받는 것을 무시한 채 자신의 공격을 진행합니다. 1...Bc5 2 Qxa8+ Kc7. (그림 68b)

(그림 68b) 백 차례

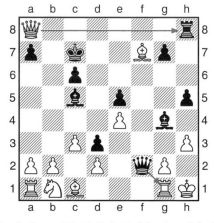

백 퀸은 h8에 있는 흑의 또 다른 룩에게 공격을 받고 있습니다. 백은 3 Qxh8으로 룩을 잡을 수 있지만, 흑이 3...Qxg1 체크메이트로 승리할 수 있습니다.

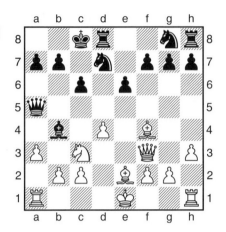

(그림 69a) 백 차례

눈치 빠른 분들은 흑 퀸이 다른 곳에 있었다면 모든 메이트가 가능하다는 걸 알아챘을 수 있습니다. 1 axb4 Qxa1+ 2 Kd2. (그림 69b)

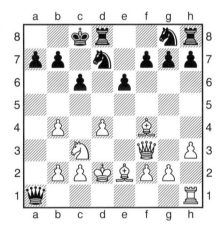

(그림 69b) 흑 차례

만약 흑이 2...Qxh1을 둔다면, 3 Qxc6+ bxc6 4 Ba6로 메이트가 됩니다. 두 개의 룩은 흑 퀸을 유인하는 미끼로 사용되었네요.

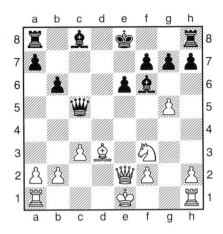

1...Bxc3+? 2 bxc3 Qxc3+로 백 킹과 룩이 포크에 걸리지만, 백은 기쁜 마음으로 '덫'에 걸립니다. 3 Qd2 Qxa1+ 4 Ke2 Qxh1(그림 70b)으로 흑 퀸은 경기에 참여할 수 없게 됩니다.

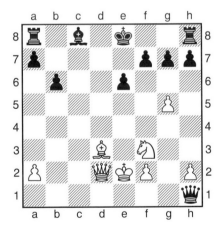

이제 흑 킹을 향한 엄청난 공격이 승부를 결정짓습니다. 5 Bb5+ Bd7(5...Ke7은 6 Qb4+ Kd8 7 Qd6+ Bd7 8 Qxd7으로 메이트) 6 Qxd7+ Kf8 7 g6! hxg6 8 Ng5 다음에 오는 Qxf7 메이트를 막을 수 없어 보입니다.

더블 비숍 희생
The Double Bishop Sacrifice

라스커는 이 메이트에 대한 특허를 받았어야 해

독일의 세계 챔피언이었던 엠마누엘 라스커Emanuel Lasker는 1889년 암스테르담에서 더블 비숍 희생의 완벽한 예시를 보여주었습니다. 바우어Bauer와의 경기는 100년이 넘는 세월 동안 더블 비숍 희생의 명경기로 남아있습니다.

이 전술은 h7에서 비숍을 희생하고, 곧이어 g7에서 두 번째 비숍을 희생하는 특징이 있습니다. 그 결과로 흑 킹 앞을 보호하는 폰 수비대를 완전히 파괴하게 됩니다. 그런 다음 백은 자신의 메이저 피스들을 g-파일이나 h-파일로 보내 공격할 수 있습니다. 보호받을 곳이 없는 흑 킹은 백 퀸과 룩이 전투에 투입되는 즉시 무조건 멸망할 것이 분명합니다.

보통은 백 퀸이 체크를 하며 빠르게 h-파일로 들어갑니다. 중요한 문제는 백 룩이 언제 공격에 참여할 수 있는지 그 속도에 달려있습니다.

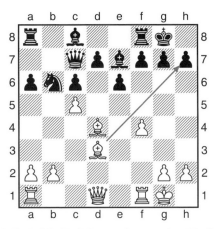

(그림 71a) 백 차례

첫 번째 비숍이 먼저 희생을 합니다. 1 Bxh7+ Kxh7. 두 번째 희생을 하기 전에 백 퀸이 체크를 하며 공격에 투입됩니다. 2 Qh5+ Kg8. (그림 71b)

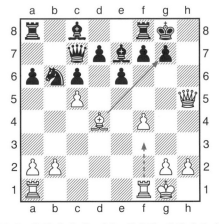

(그림 71b) 백 차례

이제 두 번째 비숍을 희생해서 흑 킹을 심각한 위험에 노출시킵니다. 3 Bxg7 Kxg7 4 Qg4+! Kh8. 이제 백 룩이 5 Rf3로 공격에 참여하고, 다음 수에 Rh3+로 메이트를 만들 수 있습니다.

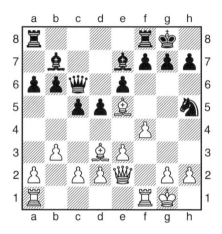

(그림 72a) 백 차례

이게 바로 라스커와 바우어의 명경기입니다. 1 Bxh7+ Kxh7 2 Qxh5+ Kg8 3 Bxg7 Kxg7 4 Qg4+ Kh7 5 Rf3. 여기서 흑은 5...e5(그림 72b)로 애를 써서 방어합니다.

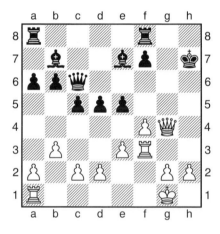

(그림 72b) 백 차례

6 Rh3+ Qh6 7 Rxh6+ Kxh6로 흑이 메이트를 피하기는 했지만, 다음 수에 라스커의 8 Qd7!으로 물량에서 지게 됩니다. 바로 퀸이 흑 비숍 두 개를 포크에 걸었기 때문이죠.

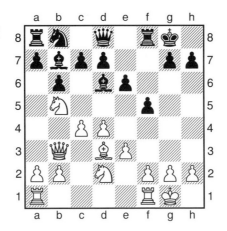

(그림 73) 흑 차례

1...Bxh2+ 2 Kxh2 Qh4+ 3 Kg1 Bxg2로 흑이 두 번째 비숍을 희생했지만, 백이 4 f3로 비숍을 잡지 않는 선택을 할 수도 있습니다. 그러면 흑은 4...Qg3로 디스커버드 체크를 준비하여 이길 수 있습니다.

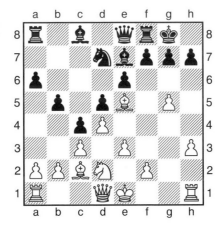

(그림 74) 백 차례

g5에 있는 폰이 방해가 될지라도 희생을 불가능하게 할 수는 없습니다. 1 Bxh7+ Kxh7 2 Qh5+ Kg8 3 Bxg7 Kxg7 4 Qh6+ Kg8 5 Rg1! 다음에 Rg4-h4를 두어 승리합니다.

모피 메이트

Morphy's Mate

루이지애나에서 온 R & B

이번 테마는 뉴올리언스 출신의 전설적인 선수인 폴 모피Paul Morphy(1837~1884)의 이름을 따서 지어졌는데, 그 이유는 1857년 루이스 폴센Louis Paulsen과의 경기에서 보여준 눈부신 퀸 희생 때문입니다. 퀸을 희생한 결과로 g-파일이 열리고 룩과 비숍으로 강제 메이트를 만드는 아이디어입니다. 혹시나 필스버리 메이트(치명적인 체크메이트 19)와 다른 점이 무엇인지 궁금하실 수도 있을텐데요, 전술의 개념은...음, 글쎄요. 기본적으로는 똑같습니다! 수년 동안 두 이름 중에서 어떤 걸 선택하는 게 맞는지 아는 사람은 없었습니다. 이 책은 여러가지 핵심 테마를 다루기 때문에, 이 사소한 차이를 알아채는 걸 계속하는 것도 우리의 목적에 잘 맞는 것 같네요. 어쨌든, 모피와 필스버리의 눈부신 콤비네이션은 모두 다 존경받을 자격이 있습니다.

오리지널 형태의 모피 메이트는 매우 드물게 일어납니다. 여러분은 모피 메이트의 숨겨진 버전으로 승리할 가능성이 더 높습니다. 여기서 중요한 점은 백이 마지막 디스커버드 체크를 하기 전에 우선 f7-폰을 잡아야 한다는 건데요. 그렇게 하지 않으면, 백 룩이 g-파일을 따라 내려가며 디스커버드 체크를 할 때, 흑이 f6-폰을 전진해서 방어할 수 있기 때문입니다.

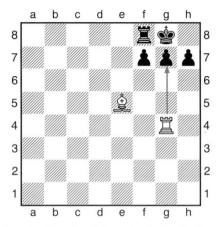

(그림 75a) 백 차례

1 Rxg7+ Kh8 이후에 백은 디스커버드 체크(비숍이 있으므로)를 이용해 f-폰을 잡을 수 있습니다. 2 Rxf7+! Kg8 3 Rg7+ Kh8. (그림 75b)

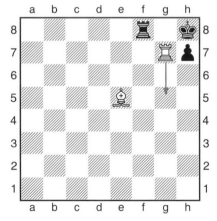

(그림 75b) 백 차례

백은 흑의 f-폰을 이미 잡아놓았기 때문에, g-파일 아무 칸으로나 룩을 이동해서 디스커버드 체크를 할 준비가 되었네요. 예를 들어 4 Rg5+ Rf6 5 Bxf6로 메이트를 만들 수 있습니다.

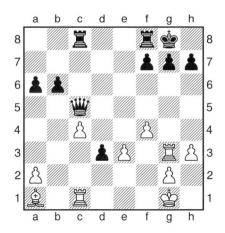

(그림 76) 백 차례

숨겨진 모피 메이트의 완벽한 예시입니다. 1 Rxg7+ Kh8 2 Rxf7+ Kg8 3 Rg7+ Kh8 4 Rg3+ 다음에 금방 메이트로 끝납니다.

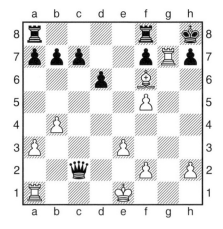

(그림 77) 백 차례

백 비숍이 f6에 있는 경우에는 다른 규칙을 적용해야 하는데요. 만약 1 Rxf7+? 으로 f7-폰을 잡게 되면, 1...Kg8 2 Rg7+ Kh8 3 Rg5+? Rxf6로 흑이 승리하기 때문에, 1 Rg5로 메이트를 만들어야 합니다.

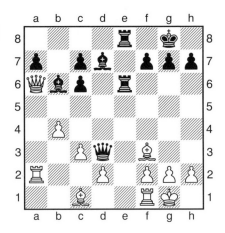

(그림 78a) 흑 차례

이것이 바로 폴센과 모피의 경기입니다. 흑은 그 유명한 퀸 희생을 합니다. 1...Qxf3! 2 gxf3 Rg6+ 3 Kh1 Bh3. (그림 78b) (4...Bg2+ 5 Kg1 Bxf3 메이트 위협이 있습니다.)

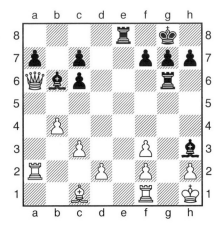

(그림 78b) 백 차례

4 Rd1 Bg2+ 5 Kg1 Bxf3+ 6 Kf1 이후에 가장 빠르게 메이트하는 방법은 6...Rg2 7 Qd3 Rxf2+ 8 Kg1 Rg2+ 9 Kh1 Rg1입니다. (모피가 실제 경기에서는 조금 느린 6...Bg2+를 두었습니다.)

필스버리 메이트
Pillsbury's Mate

다시 봤어, g-파일 룩

믿을 수 없을 만큼 재능이 있는 해리 넬슨 필스버리Harry Nelson Pillsbury (1872~1906)는 이 개념을 이용해 몇 번의 승리를 거두었지만, 그 중 1899년 런던에서 리Lee를 상대로 16수 만에 끝난 경기는 분명 가장 놀라운 승리였습니다. 사실 필스버리 메이트와 모피 메이트(치명적인 체크메이트 18)는 정말로 쌍둥이처럼 비슷하지만, 체크메이트에 사용되는 패턴에 몇 가지 다른 점이 있습니다. 예를 들어, 백 비숍은 긴 대각선(a1-h8) 또는 h6-칸에서 시작할 수 있습니다. 필스버리 메이트의 핵심은(흑 킹이 일반적으로 킹사이드 캐슬링 된 포지션일 때) 백 룩을 위해 g-파일을 여는 것인데요.

보통의 경우 백이 g-파일을 열기 위해 흑의 g7-폰을 희생으로 직접 잡거나, f6-칸에서 희생하여 열리도록 만듭니다.

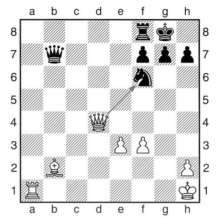

(그림 79a) 백 차례

백은 g-파일을 열기 위해 1 Qxf6로 퀸을 희생합니다. 1...gxf6로 퀸을 잡으면 백은 다음 공격을 이어갑니다. 2 Rg1+. (그림 79b)

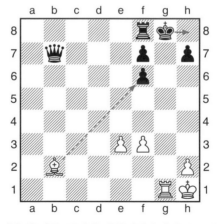

(그림 79b) 흑 차례

흑 킹이 백 룩과 비숍의 집중 공격에 갇혀버렸습니다. 2...Kh8으로 킹이 피하면 백은 3 Bxf6로 체크메이트를 만들 수 있습니다.

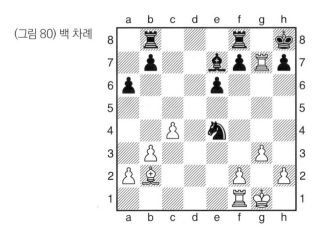

(그림 80) 백 차례

흑이 대각선으로 끼어들 수 있으면 이 메이트는 실패로 돌아갑니다. 1 Rxf7+ Bf6! 2 Bxf6+ Nxf6면 흑은 폰 2개가 부족하지만 나이트가 남게 됩니다.

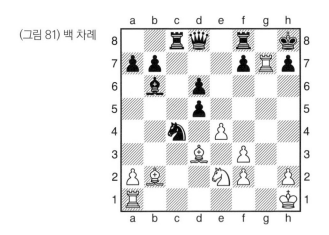

(그림 81) 백 차례

흑이 ...Nxb2를 위협하고 있기 때문에 평범하게 디스커버드 체크를 하면 안됩니다. 백은 또 다른 전술적 요소를 찾아냅니다. 1 Rg8++!(더블 체크) 1...Kxg8 2 Rg1+ Qg5 3 Rxg5로 메이트를 만듭니다.

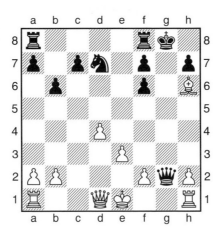

(그림 82a) 백 차례

여기 필스버리와 리의 놀라운 경기가 있습니다. 백이 1 Qf3!로 놀라운 희생을 해서 흑 퀸을 g-파일에서 빗나가게 만듭니다. 흑이 1...Qxf3를 두면 백이 메이트 공격을 합니다. 2 Rg1+. (그림 82b)

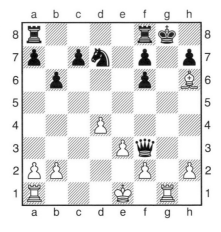

(그림 82b) 흑 차례

2...Kh8이 강제되며 3 Bg7+ Kg8 4 Bxf6+를 하면 다음 수에 강제 메이트 됩니다. 백 비숍이 h6에서 시작하는 필스버리 메이트의 완벽한 예시네요.

교묘한 Bg8
The Crafty Bg8

현장에서 가끔 통하는 수법

킹사이드 공격을 하는 과정에서 백 비숍이 종종 h7-칸에 놓이게 될 때가 있습니다. 보통은 방금 전에 비숍이 h7에서 체크를 했으며 흑 킹이 강제로 h8-칸으로 이동한 경우를 말합니다. 그런데 이러한 비숍의 위치가 후속 공격에 방해가 된다는 걸 알 수 있습니다.

백 퀸이 h7에서 체크메이트를 할 채비를 갖추고 있지만 자신의 비숍이 그 길을 방해하고 있으니까요. 비숍을 <u>후퇴</u>하는 걸로 이 문제를 해결할 수 없다면, 여러분은 괴상해 보이는 <u>전진</u>을 고려할 수 있습니다. 백이 이 방법을 성공하기 위해서는 <u>보통 h7-칸을 커버해 줄 두 번째 피스가 필요</u>합니다. 바로 g5에 있는 나이트가 대표적이죠.

이번 테마는 다소 교활하고 얄미울 수도 있으므로, 여러분의 상대가 경기 후에 마주 앉아서 분석하고 싶을 거라는 기대는 하지 마세요!

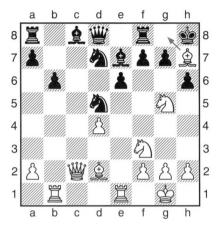

(그림 83a) 백 차례

1 Bg8!은 비숍이 h7-칸을 비움과 동시에 자신은 일시적으로 잡힐 염려가 없는(2 Qh7 메이트 위협이 있기 때문에) 수입니다. 흑은 다음으로 응수합니다. 1...N7f6. (그림 83b)

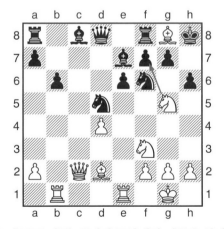

(그림 83b) 백 차례

이제 2 Nxf7+ Rxf7 3 Bxf7을 두어서 교환에서 이득을 봅니다. 흑은 h7에서의 체크메이트는 피했지만, f7-칸 더블 어택이라는 <u>두 번째 위협</u>은 피하지 못했네요.

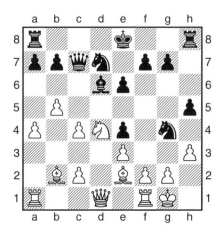

(그림 84a) 흑 차례

전형적인 시나리오네요. 흑이 백 킹을 구석으로 가도록 만드는 게 시작입니다. 1...Bh2+ 2 Kh1 그러고 나서 2...Bg1!. (그림 84b) 흑이 ...Qh2 메이트 위협을 깔아놓습니다.

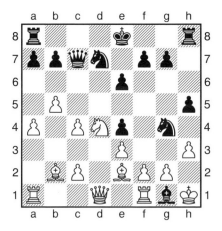

(그림 84b) 백 차례

백은 흑 퀸의 대각선을 반드시 막아야 하는데요. 하지만 3 g3는 흑이 3...Nxf2+(백 킹과 퀸을 포크하기 때문에 백은 무조건 잡아야 함) 4 Rxf2 Bxf2로 물량 이득을 볼 수 있습니다.

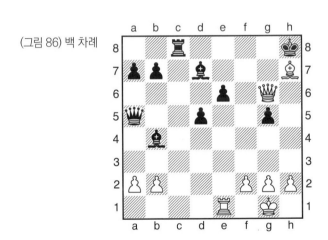

(그림 85) 백 차례

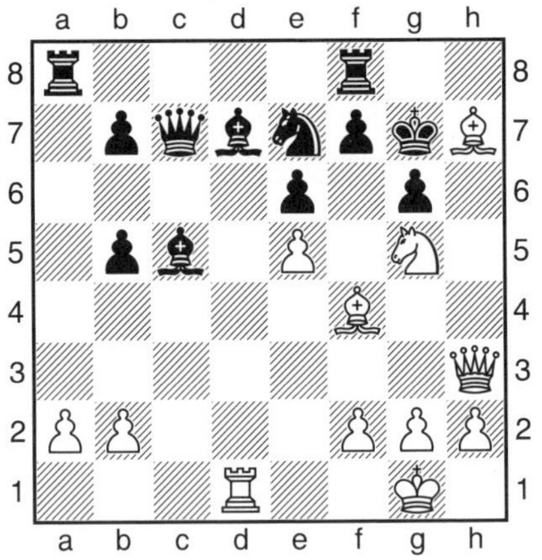

1 Bg8 이후 백 퀸이 과감하게 h7으로 침투합니다. 다음 상황은 1...Rxg8 2 Qh7+ Kf8 3 Qxf7으로 메이트를 만들 수 있겠네요.

(그림 86) 백 차례

퀸과 비숍만으로도 강제 메이트를 만들 수 있습니다. 1 Bg8(Qh7 메이트 위협)을 흑은 무조건 1...Rxg8으로 잡아야 합니다. 그 다음 백은 2 Qh6로 메이트 할 수 있습니다.

g7에서 룩 희생
The Rook Sacrifice on g7

이 희생의 가능성을 매 수 마다 생각하세요

백 룩이 g7-폰을 공격하고 있고 그 폰을 흑 킹 혼자서만 지키고 있다면, 아마도 룩이 빨리 Rxg7+를 두라고 소리치고 있을 겁니다. 미들게임에서 이런 포지션이 만들어졌다면, 여러분 차례가 올 때마다 룩 희생이 효과가 있을지 스스로에게 물어보세요.

희생의 결과가 성공하기 위해서는 반드시 또 다른 공격수가 - 그 중에서 특히 퀸 - 노출된 흑 킹의 위치를 이용해서 빠르게 움직일 수 있어야 합니다.

룩이 g7을 압박하는 초기 상황은 그리 쉽게 만들어지지 않습니다. g2에 있는 자신의 폰이 g-파일을 막고 있기 때문이죠. 가끔은 룩이 빙 돌아서 g3-칸으로 오는 경우(아마도 e3나 a3를 지나서)도 있지만, 룩을 g-폰 앞에 미리 가져다 놓는 것은 어딘가 좀 인위적인 이동처럼 보일 수 있습니다.

g7에서 룩 희생의 가장 좋은 버전은 g-파일이 반만 열린, 세미 오픈 파일 상태(즉, 백의 g-폰이 없는 경우)에서 일어나며, 이 경우 백의 두 번째 룩도 공격에 함께 투입될 수도 있습니다.

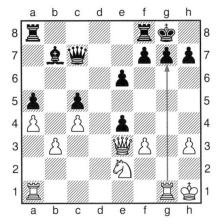

(그림 87a) 백 차례

g-파일이 한쪽만 열려 있는 <u>세미 오픈 파일</u>인 경우 흑 킹으로 이어지는 직접적인 통로입니다. 백이 이렇게 시작합니다. 1 Rxg7+ Kxg7 2 Qg5+! Kh8. (그림 87b)

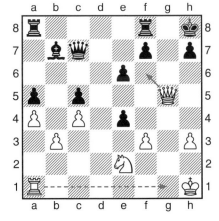

(그림 87b) 백 차례

3 Qf6+ Kg8 4 Rg1+로 두 번째 백 룩이 공격에 참여하고 다음 수에 메이트를 만들 수 있습니다. 퀸이 f6까지 지그재그로 움직이는 모습이 중요한 포인트입니다.

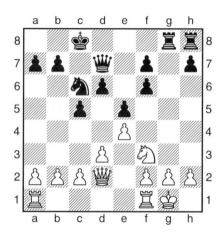

(그림 88) 흑 차례

1...Rxg2+ 이후에 백이 룩을 되잡지 않는다면 킹이 불편한 위치로 가게 됩니다. 하지만 2 Kxg2로 룩을 잡게 되면 2...Qg4+ 3 Kh1 Qxf3+ 4 Kg1 Rg8+ 5 Qg5 Rxg5로 체크메이트를 피할 수 없습니다.

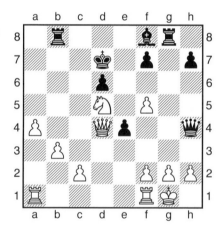

(그림 89) 흑 차례

또한 룩 희생은 불리한 포지션에서 우릴 구해줄 수도 있습니다. 1...Rxg2+ 2 Kxg2 Qg4+ 3 Kh1 Qf3+ 4 Kg1 Qg4+로 무한 체크를 통해 무승부를 만들어 냅니다.

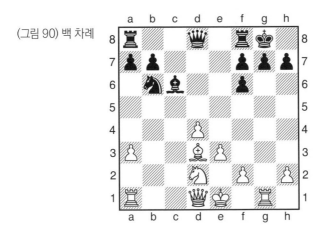

(그림 90) 백 차례

어리석게도 방금 전 흑이 자신의 비숍으로 g2-폰을 잡는 바람에 g-파일이 세미 오픈 파일이 되었습니다. 따라서 1 Rxg7+ Kxg7 2 Qg4+ Kh8 3 Qf5로 h7에서 메이트를 막을 수 없습니다.

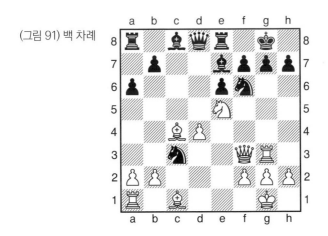

(그림 91) 백 차례

지금 백 퀸은 몇 개의 마이너 피스들이 지원을 해 주고 있네요. 1 Rxg7+ Kxg7 2 Qg3+ 다음에 2...Kh8 3 Nxf7으로 메이트 하거나, 또는 2...Kf8 3 Bh6로 메이트 할 수 있습니다.

f5의 나이트 ①

A Knight on f5

더블 어택은 f5의 나이트가 최고지

f5-칸의 나이트는 흑 킹에 대한 콤비네이션의 가능성을 높여 주는 매우 훌륭한 위치입니다. 이 나이트는 g7-칸을 압박하고 있으며, 종종 킹사이드 캐슬링 된 흑 킹에게 h6 또는 e7에서 결정적인 체크를 위협할 수 있습니다. 특히 백 퀸이나 어두운 칸 비숍과 팀을 이룰 때 효과가 좋습니다.

만약 흑이 실수를 한다면 이걸로 몇 번이고 이길 수 있습니다. 백 퀸이 g4-칸을 활용할 수 있고 흑 퀸이 d7-칸에 무방비 상태로 있을때 이 전술이 시작됩니다. 대부분의 경우 백은 Qg4를 두어서(Qxg7 체크메이트를 위협하는) 치명적인 더블 어택을 준비할 수 있습니다. 바로 1수 메이트를 위협함과 동시에 상대 퀸을 차지하는 겁니다!

흑이 메이트 위협을 해결할 수는 있지만, 백 나이트가 h6에서 체크를 하면 d7에 있는 퀸이 디스커버드 어택에 노출됩니다. 그림 126b(치명적인 체크메이트 29)에 있는 콤비네이션 또한 이번 테마와 같은 멋진 버전이 포함되어 있습니다.

(그림 92a) 백 차례

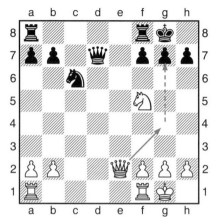

백이 1 Qg4를 두면 즉시 체크메이트 위협(Qxg7으로)을 만들 수 있습니다. 흑은 1...g6(또는 1...f6)로 메이트 위협을 해결할 수는 있지만, 그러고 나서 트릭에 걸립니다. 2 Nh6+. (그림 92b)

(그림 92b) 흑 차례

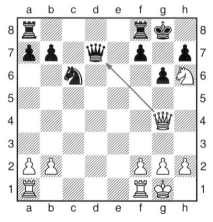

백 나이트가 h6에서 체크를 했기 때문에 무조건 흑 킹을 움직여야 합니다. 2...Kg7으로 킹이 이동하면, 3 Qxd7으로 흑 퀸을 잡아냅니다.

(그림 93) 백 차례

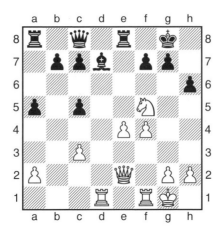

교환 희생을 하는 1 Rxd7 Qxd7을 두어서 백이 흑 퀸을 중요한 칸으로 유인합니다. 2 Qg4는 3 Qxg7 메이트 공격과 3 Nxh6+ 디스커버드 체크라는 두 가지 위협을 노리는 수인데, 흑이 둘 다 대처할 수 없습니다.

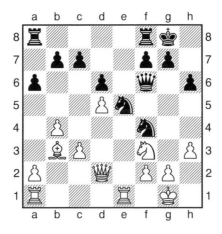

(그림 94) 백 차례

백은 1 Nxe5를 두고 나서 상대가 나이트를 되잡을 거라고 예상했습니다. 하지만 흑은 1...Qg5!를 두었고, 메이트 되거나 또는 퀸을 잃기 때문에 결국 백은 기권했습니다.

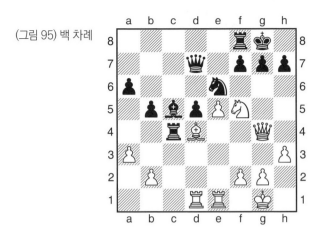

(그림 95) 백 차례

1 Nxg7은 d7에 있는 무방비 상태의 흑 퀸을 다른 방식으로 이용하여(만약 1...Nxg7?을 둔다면 2 Qxd7으로 퀸이 잡히기 때문에) 방어에 중요한 폰을 잡아내는 수입니다.

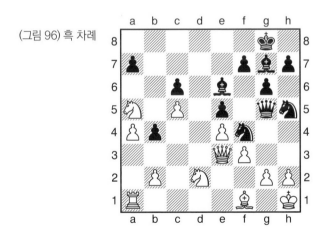

(그림 96) 흑 차례

놀랍게도 백은 곧 퀸을 잃게 됩니다. 1...Ng3+! 2 hxg3 Qh6+!(킹을 g1으로 이동시켜야만 다음 수에 체크를 할 수 있기 때문에) 3 Kg1 Nh3+ 4 gxh3 Qxe3+.

f5의 나이트 ②

A Knight on f5

굿 나이트, 배드 비숍

치명적인 체크메이트 22에서 이미 살펴본 바와 같이, f5에 있는 백 나이트는 공격적으로 배치된 피스입니다. 캐슬링된 흑 킹의 바로 앞인 g7-칸에 가하는 압박은 많은 가능성을 만들어 냅니다. 백의 대표적인 공격 계획은 퀸을 g-파일(Qg3, Qg4, 또는 Qg5)로 보내는 것입니다. 아니면 킹사이드를 열기 위해 비숍을 h6에서 희생하는 방법도 고려해 볼 수 있습니다.

한 가지 명심해야 할 전술 포인트는, <u>흑이 e7에 비숍을 갖고 있는 경우, 백이 콤비네이션을 성공할 가능성이 상당히 높아진다</u>는 점입니다. 그 이유는 e7에 있는 비숍을(f5의 나이트가 잡을 수 있으므로) 계속 지켜주어야 하기 때문이며, 이로 인해 흑의 방어에 과부하가 걸릴 수 있습니다.

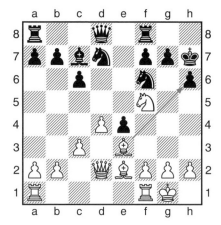

(그림 97a) 백 차례

나이트가 f5에 있을 때 h6에서 비숍 희생의 가능성이 자주 나옵니다. 백이 1 Bxh6로 비숍을 희생하고 흑이 비숍을 잡아냅니다. 1...gxh6. (그림 97b)

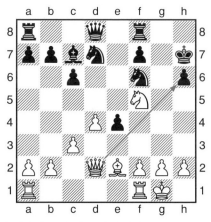

(그림 97b) 백 차례

퀸이 대각선으로 따라가며 이어서 공격합니다. 2 Qxh6+. 흑 킹을 2...Kg8으로 강제 이동시키고 3 Qg7으로 체크메이트를 만듭니다.

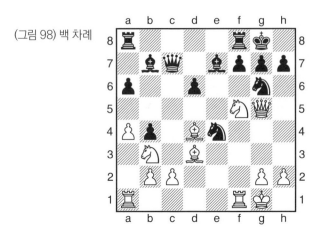

(그림 98) 백 차례

퀸 희생을 하는 1 Qh6!를 두면 승리할 수 있습니다. g7에서 체크메이트 위협이 있으므로 흑은 1...gxh6를 두어야 하는데 2 Nxh6로 메이트가 되며, 1...Bf6를 두어도 백이 2 Bxf6를 하면 결과는 마찬가지가 됩니다.

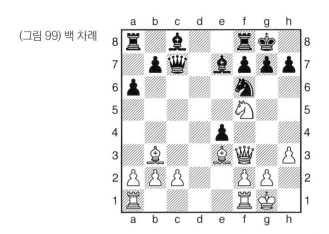

(그림 99) 백 차례

백이 1 Qg3를 두고(Qxg7 메이트, 그리고 c7에 있는 퀸을 위협하므로) 흑이 먼저 잡으면 1...Qxg3 2 Nxe7+! Kh8 3 fxg3로 백은 공짜로 e7-비숍을 가져갑니다.

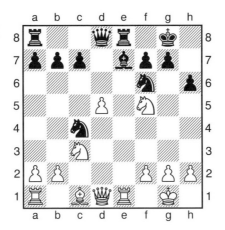

(그림 100) 백 차례

알아채기가 매우 어려운 더블 어택의 예시입니다. 백이 이득을 얻을 수 있는 수는 1 Bxh6 gxh6 2 Qd3로, 3 Qxc4와 3 Qg3+로 시작하는 메이트 공격을 동시에 위협합니다.

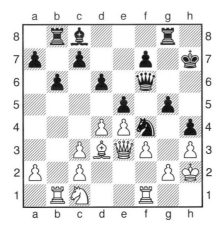

(그림 101) 흑 차례

1...Bxh3 2 gxh3 Qe6는 백이 방어할 시간이 있음에도 불구하고 속수무책으로 당하고 맙니다. 3 Kg1 이후에 3...Qxh3 4 Rf2 g4로 흑의 공격이 방어를 뚫고 들어갑니다.

h7에서 룩 디코이 희생

Rook Decoy on h7

열린 h-파일은 킹이 있을 곳이 아니지

이번 테마는 공격에 주로 사용되는 메이저 피스인 퀸과 룩들이 모두 포함됩니다. 즉, 방어하는 입장에서 치명적인 피해를 입을 수 있다는 게 놀라운 일은 아닐 텐데요. 흑이 위험하다는 신호는(열린 h-파일 또는 세미 오픈 h-파일 외에도) 퀸으로 f7-지점을 공격하고 있는데 흑 킹으로만 수비하는 경우에 나타납니다. 이 콤비네이션은 다음의 세 가지 단계로 구성됩니다.

1) 백 룩을 h7에서 희생하여, 흑 킹을 h-파일로 강제 유인하기

2) 흑 킹이 f7의 방어에서 멀어지면, 백 퀸이 달려들어 체크하기

3) 흑이 체크에서 벗어날 수는 있지만 킹은 아직 갇혀 있으니까, 남은 룩을 h-파일로 보내서 체크메이트하기

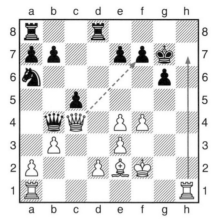

(그림 102a) 백 차례

1 Rh7+는 f7-폰을 방어하는 흑 킹을 멀어지도록 만들고 h-파일로 들어오도록 유인하는 수입니다. 흑 킹이 1...Kxh7으로 룩을 잡으면 백 퀸이 침투합니다. 2 Qxf7+. (그림 102b)

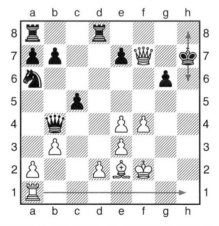

(그림 102b) 흑 차례

퀸 체크를 받은 흑 킹은 2...Kh6 또는 2...Kh8으로 피할 수 있지만 여전히 h-파일에 갇힌 신세가 됩니다. 이제 다음 수에 백이 3 Rh1으로 체크메이트를 할 수 있습니다.

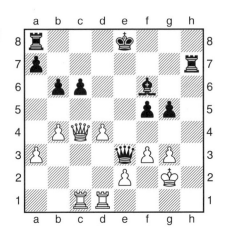

(그림 103) 흑 차례

두 번째 룩이 바로 나올 수 없는 상황이라도 디코이 희생을 할 수 있습니다. 1...Rh2+ 2 Kxh2 Qf2+ 3 Kh1 Ke7! 다음 수에 4...Rh8+를 생각하면 흑이 승리한 경기입니다.

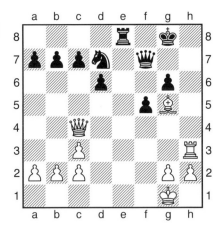

(그림 104) 백 차례

지금 흑 피스들은 불행한 자리에 놓여있습니다. 백은 흑 퀸을 잡기 위해 룩 디플렉션을 사용합니다. 1 Rh8+ Kg7 2 Rh7+ Kxh7 3 Qxf7+.

112

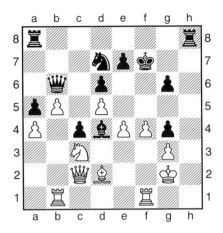

(그림 105) 흑 차례

익숙한 테마이지만 매우 독창적인 수로 시작합니다. 1...Bg1!(다음 수에 ...Rh2 메이트 위협) 2 Rxg1 Rh2+ 3 Kxh2 Qf2+, 다음 수에 4...Rh8으로 메이트.

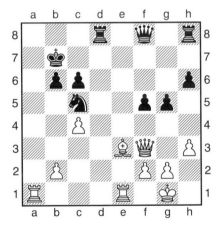

(그림 106) 백 차례

1 Ra7+ Kxa7 2 Qxc6는 당장에 메이트는 아니지만, 흑 킹은 곧 a-파일에서 최후를 맞이할 겁니다. 2...Rb8 3 Ra1+ Na6 4 Qc7+ Rb7 5 Bxb6+ Ka8 6 Rxa6+.

퀸 & 비숍 메이트
The Queen & Bishop Mate

이 기본 메이트를 과소평가하지 마세요

퀸과 비숍은 약점이 되기 쉬운 h7-칸을 향해 곧장 나아갈 때만큼은 멋진 단짝이 됩니다. 이 간단하지만 치명적인 메이트 패턴은 더 복잡하고 다양한 콤비네이션의 성공을 위한 기본이 됩니다. 이 패턴의 핵심적인 요소는 h8에 있는 흑 킹과, h-파일에 있는 백 퀸, 그리고 h7에 있는 백 비숍입니다. 백 비숍이 이동하면 퀸으로부터 디스커버드 체크가 모습을 드러낼 테니까요.

백의 메이트 계획은 비숍이 디스커버드 체크를 하며 후퇴하는 것으로 시작합니다. 흑 킹이 움직이고 나면 자신이 종종 메이트를 만들거나 적어도 체크를 했던 h7-칸으로 백 퀸이 들어가면 됩니다.

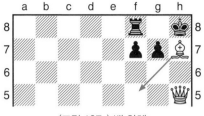

(그림 107a) 백 차례

비숍이 대각선을 따라 <u>어디로든</u> 후퇴하면서 백 퀸으로부터 디스커버드 체크가 됩니다. 예를 들면, 1 Bf5+, 강제로 킹이 이동해야 하므로 1...Kg8. (그림 107b)

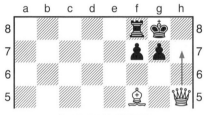

(그림 107b) 백 차례

2 Qh7을 두면 뒤에서 비숍이 지켜주므로 백 퀸으로 체크메이트가 됩니다.

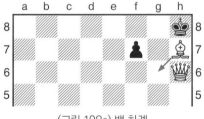

(그림 108a) 백 차례

이번 경우는 백 비숍이 후퇴하는 칸을 정확히 골라야 합니다. 옳은 방법은 1 Bg6+ Kg8. (그림 108b)

(그림 108b) 백 차례

2 Qh7+ Kf8 이후에 백은 3 Qxf7으로 체크메이트를 할 수 있습니다. 왜냐하면 퀸을 g6에 있는 비숍이 <u>지켜주기 때문이죠.</u>

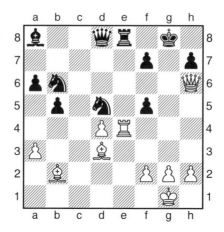

(그림 109) 백 차례

이번에는 퀸 & 비숍 메이트의 기본 형태로 가기 위해 룩 희생이 필요합니다. 1 Rg4+ fxg4 2 Bxh7+ Kh8 3 Bg6+ Kg8 4 Qh7+ Kf8 5 Qxf7 체크메이트입니다.

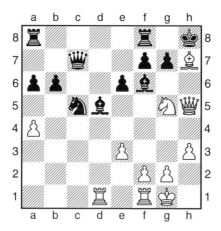

(그림 110) 흑 차례

매우 드물게 흑이 방어할 수 있는 경우가 있습니다. 흑이 1...Bxg5를 두면 백의 디스커버드 체크(예를 들면 2 Bb1+로)를 2...Bh6로 막을 수 있습니다.

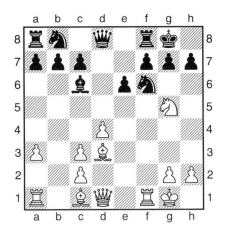

(그림 111a) 백 차례

백은 h7-칸을 지키는 수비수를 제거하기 위해 교환 희생(룩으로 나이트를 잡는)이라는 준비 동작을 해야 합니다. 1 Rxf6 Qxf6 2 Bxh7+ Kh8 3 Qh5. (그림 111b)

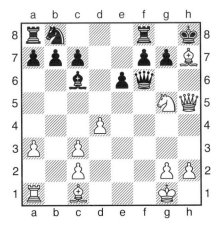

(그림 111b) 흑 차례

흑 차례이지만 백의 Bg6+ 이후 Qh7 메이트 공격을 방어할 방법이 없습니다. 3...Re8은 4 Nxf7+, 3...Qh6는 4 Nxf7+ Rxf7 5 Bxh6가 있으며, 3...g6는 4 Bxg6+ Kg7 5 Qh7이 있기 때문에 흑의 방어 수단은 모두 실패로 돌아갑니다.

치명적인
체크메이트

26

그레코 메이트
Greco's Mate

깔끔한 왔다 갔다

나이트가 g5에 있고, 퀸이 h5에 있으며, 비숍이 c4에 있는 공격 형태는 매우 흔히 있는 일입니다. 만약 흑이 어리석게도 킹사이드를 방어하기 위한 피스들을 부족하게 남겨놓았다면, 경기가 매우 빨리 끝나버릴 수도 있습니다. 이번에 우리가 다뤄볼 내용은 어떤 방법으로 백 퀸이 몰래 g6-칸으로 들어가는지 그 특별한 움직임을 알아보겠습니다.

그레코 메이트는 1953년 영어로 처음 출판된 책인 '체크메이트의 기술'(르노와 칸)에서 이름 붙여진 움직임입니다. 기술적으로는 백이 g-파일에 있는 나이트를 희생하여 h-파일을 여는 포지션에 폭넓게 적용되는 말인데요. 체스에 관한 획기적인 안내서를 여러 권 출판한 이탈리아의 체스 작가, 조아키노 그레코Gioacchino Greco(1600~약 1634)의 이름입니다.

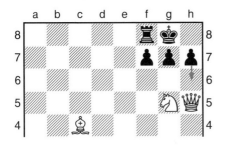

(그림 112a) 흑 차례

백이 Qxh7 체크메이트를 위협하고 있습니다. 흑은 메이트를 막아내는 동시에 백 나이트를 공격하는 수를 둡니다. 1...h6. (그림 112b)

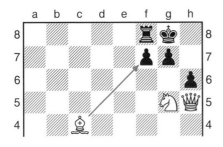

(그림 112b) 백 차례

백이 2 Bxf7+로 f-폰을 잡아냅니다. 흑은 2...Kh8(그림 112c) (2...Rxf7을 두면 3 Qxf7+로 비숍과 룩을 교환하기 때문에)으로 체크에서 빠져나옵니다.

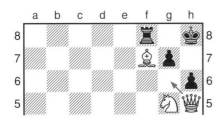

(그림 112c) 백 차례

백은 나이트가 공격받고 있지만 이를 무시하고 3 Qg6를 둡니다. h7 체크메이트 위협으로 흑은 나이트를 잡습니다. 3...hxg5. (그림 112d)

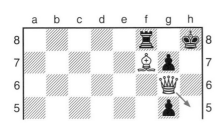

(그림 112d) 백 차례

이제 h-파일이 열렸으니 백 퀸이 되돌아가며 4 Qh5로 체크메이트를 만듭니다. 아주 '깔끔한 왔다 갔다'입니다!

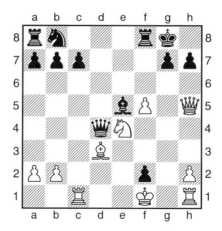

(그림 113) 백 차례

1 Bc4+ Kh8을 하고 나면 그레코 메이트의 핵심 요소들이 나타납니다. 백은 2 Ng5 h6 3 Qg6(h7에서 메이트 위협) 3...hxg5 4 Qh5로 체크메이트를 만듭니다.

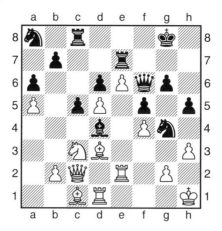

(그림 114) 흑 차례

한 템포 빠르게(폰이 이미 h3에 있음) 방어를 했음에도 불구하고 백은 1...Qh4 이후에 속수무책으로 당하고 맙니다. 예를 들자면, 2 Rf1 Qg3 3 hxg4 Qh4로 메이트 됩니다.

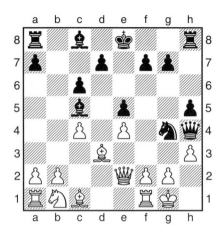

(그림 115a) 흑 차례

f2-칸은 백이 잘 지키고 있지만, 흑 폰이 h5에 있다는 뜻은 그레코 메이트가 여전히 가능하다는 말일 겁니다. 따라서 나이트를 희생하기로 합니다. 1...Qg3 2 hxg4 hxg4. (그림 115b)

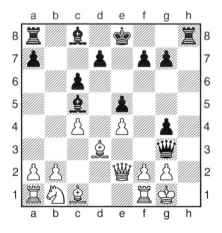

(그림 115b) 백 차례

3 Rd1으로 1수 메이트는 막았지만 빠져나갈 수는 없습니다. 3...Qh2+ 4 Kf1 Qh1으로 체크메이트 됩니다. 이번에도 h-파일을 열기 위해 나이트를 희생했네요.

더 놀라운 Qg6
More Qg6 Bombshells

초대받지 않은 손님

적 진영 한 가운데의 약점을 노리고 침투하는 퀸은 방어하는 쪽에서는 언제나 위험한 존재입니다. 이런 점에서 g6-칸은 중요한 전초기지 중 하나입니다.

퀸이 두 개의 마이너 피스에게 도움을 받아 g6-칸으로 들어갈 수 있다면, 쉽게 결정적인 콤비네이션을 만들 수 있습니다. 한 가지 반복되는 테마는 2개의 백 나이트가 g5-칸을 사용할 수 있는 경우 퀸이 h7에서 메이트 위협을 할 수 있게 됩니다. 대부분 또 다른 나이트가 g5-칸을 다시 차지할 수 있기 때문에, 나이트 하나는 희생할 각오가 되어 있습니다.

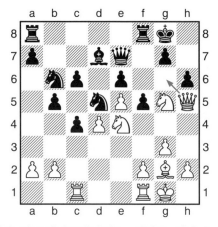

(그림 116a) 백 차례

1 Qg6는 h7에서 체크메이트하겠다는 위협을 심어 놓는 수입니다. 흑은 1...hxg5(그림 116b)로 백 나이트를 잡아서 일단 위협을 없애 버립니다.

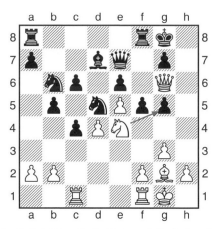

(그림 116b) 백 차례

2 Nxg5를 두어서, 희생된 동료의 자리를 두 번째 나이트가 대신 들어오게 합니다. 3 Qh7이라는 치명적인 메이트 위협이 또 다시 생겼네요.

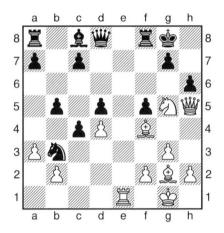

(그림 117) 백 차례

1 Qg6 hxg5 2 Be5!를 두면 흑이 g7에서의 메이트 위협에 대처할 마땅한 방법이 없으므로 이길 수 있습니다. 예를 들면, 2...Qd7은 3 Bxd5+, 2...Rf7은 3 Bxg7 Rxg7 4 Re8+로 승리합니다.

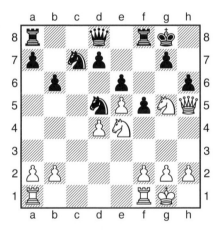

(그림 118) 백 차례

1 Qg6 hxg5 2 Nxg5에서 흑이 메이트를 피할 수 있는 유일한 방법은 2...Nf6입니다. 3 exf6 Rxf6 4 Qh7+ Kf8 5 Qh8+ Ke7 6 Qxg7+를 하면, 백이 Qg6 공격으로 폰 하나를 앞서게 됩니다.

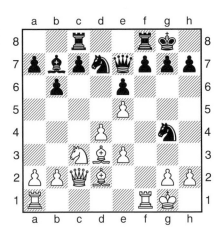

(그림 119a) 흑 차례

또한 퀸이 긴 대각선을 차지한 비숍과 협공하면 강력한 전술을 펼칠 수 있습니다. 흑이 1...Qh4를 두면 h2에서 메이트가 되기 때문에 강제로 2 h3(그림 119b)를 두어야 합니다.

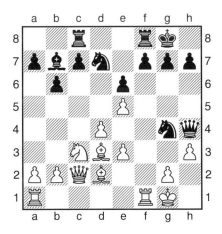

(그림 119b) 흑 차례

이제 2...Qg3를 두면 동시에 두 가지의 메이트 위협을 만들며 승리할 수 있습니다. 백은 흑의 ...Qh2와 ...Qxg2 두 가지의 체크메이트를 동시에 방어할 방법이 없습니다.

코르치노이 묘수
Korchnoi's Manoeuvre

저 퀸은 어디서 온 거야?

흑이 위험하다는 신호가 있지만 쉽게 놓치는 경우가 있습니다.

1) 백 비숍이 a2-g8 대각선에서 흑의 f7-폰을 핀에 걸고 있고

2) 백 퀸은 b1-h7 대각선 어딘가에 있으며

3) 흑의 h-폰이 이동한 경우.

위 세 가지 요소는 아마도 백 퀸이 g6-칸을 이용할 수 있다는 중요한 사실을 말해줍니다.

명심해야 할 것은, 퀸은 장거리 피스이며, 상대 킹에 대한 어떤 나쁜 의도를 가진 게 아니라, 그저 순수하게 c2-칸으로 발전하는 경우가 빈번하다는 점입니다. 그래서 방어하는 흑의 입장에서 킹사이드 한복판으로 드라마틱하게 퀸이 들어오는 걸 예상할 수 없는 것도 이해가 되네요!

이제부터 살펴볼 예시는 1978년 비에르셰바에서 흑으로 경기한 빅토르 코르치노이Viktor Korchnoi가 타타이Tatai를 상대로 충격적인 ...Qg3를 둔 경기입니다. (바로 옆에 그 포지션이 있습니다.)

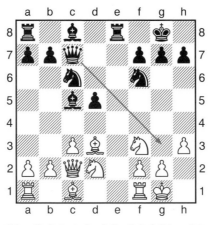

(그림 120a) 흑 차례

1...Qg3(그림 120b)는 백의 f-폰이 핀에 걸려있다는 점을 이용한 수입니다. 흑 퀸의 반갑지 않은 위치는, 백 입장에서 ...Bxh3 위협을 걱정하게 만듭니다.

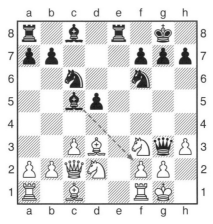

(그림 120b) 백 차례

만약 백이 2 Kh1을 둔다면 흑은 2...Bxf2로 중요한 폰을 공짜로 얻게 됩니다. 그러나 실제 경기에서 둔 것처럼 백이 2 Bf5를 한다면, 2...Re2로 흑이 강력한 공격을 할 수 있습니다.

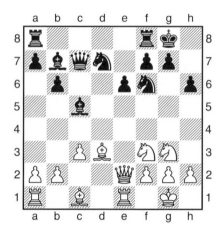

(그림 121) 백 차례

공짜로 피스 하나를 내어주는 일은 매우 큰 실수입니다. 여기서 백(세계적인 수준의 선수)은 1 h3??를 두었고, 상대가 1...Qxg3를 두자 기권하고 말았습니다.

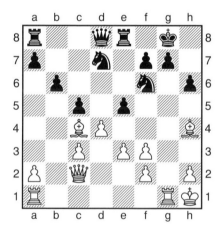

(그림 122) 백 차례

1 Qg6를 하면 다음 수에 2 Qxg7 메이트 위협을 방어할 수 있는 마땅한 방법이 없기 때문에 백이 즉시 승리할 수 있습니다. 흑의 f-폰은 핀에 걸려있기 때문에 백 퀸을 잡을 수 없습니다.

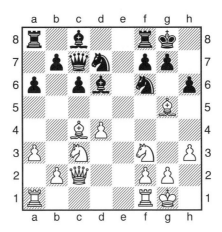

(그림 123a) 백 차례

흑의 h-폰이 방금 h6로 이동했습니다. 따라서 백은 1 Bxh6 Nb6(만약 흑이 1...gxh6를 한다면 2 Qg6+ Kh8 3 Qxh6+ Nh7 4 Ng5 Nf6 5 Nce4로 백이 승리함) 2 Qg6(그림 123b)를 둡니다.

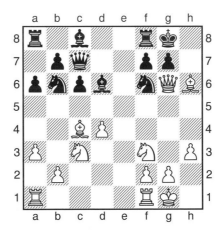

(그림 123b) 흑 차례

백이 Qxg7 메이트를 위협하고 있습니다. 흑이 2...Ne8으로 방어할 때 3 Ng5를 두면, 백의 새로운 Qh7 메이트 위협을 막을 수 없습니다.

Bxh6 희생
The Bxh6 Sacrifice

느리게 두어도 빠르게 이긴다

흑에게 ...h6는 수비하는 데 필요한 수입니다. 장기적으로는 백-랭크 메이트에 대비해서 흑 킹이 도망칠 구멍이 되고, 단기적으로는 백의 마이너 피스들이 g5-칸을 사용할 수 없게 만듭니다.

하지만 h6에 있는 폰은 백의 어두운 칸 비숍이 희생할 수 있는 표적이기도 합니다. 공격하기를 좋아하는 대담한 선수라면, 당장에 메이트할 수 있는 상황은 아니더라도 나중을 생각해서 희생할 수 있습니다. 그 조건은,

1) 백은 비숍 대신에 폰 2개를 잡고, 노출된 흑 킹을 향해 수 많은 체크를 할 수 있어야 하며

2) 백이 공격에 지원군을 투입하는 동안 흑은 방어를 재정비하지 못하고 킹사이드에 묶여 있어야 한다.

이 두 가지 조건이 가능할 때, 비숍을 희생할 수 있는 이유가 성립됩니다. 백이 최후의 일격을 위해 나이트나 룩을 킹사이드로 여러 번 이동하는 시간을 벌 수 있으니까요.

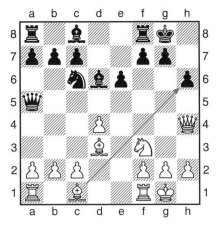

(그림 124a) 백 차례

여기 Bxh6 희생의 쉬운 버전이 있네요. 백은 1 Bxh6 gxh6 2 Qxh6로 즉시 이길 수 있습니다. 흑 킹은 퀸에게 노출되었고 Qh7 메이트 위협이 있습니다.

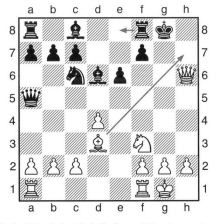

(그림 124b) 흑 차례

흑은 방어할 방법이 없습니다. 왜냐하면 2...f5는 3 Qg6+ Kh8 4 Ng5로 실패하기 때문입니다. 그리고 만약 흑이 2...Re8을 둔다면 백이 3 Bh7+ Kh8 4 Bg6+ Kg8 5 Qh7+ Kf8 6 Qxf7으로 메이트를 만들 수 있습니다.

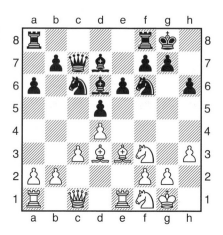

(그림 125a) 백 차례

이번 비숍 희생은 1 Bxh6 gxh6 2 Qxh6 Be7(그림 125b)으로 백이 당장 메이트를 할 수는 없지만, 흑 역시 치명적으로 위험해진 자신의 킹사이드를 보강할 수 없습니다.

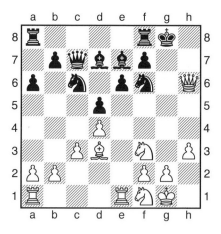

(그림 125b) 백 차례

심지어 백은 어떤 피스를 공격에 추가할지 선택할 수 있습니다. 예를 들면, 3 Ng3 또는 3 Re3, 아니면 3 Ng5 e5 4 Ng3 e4 5 Nh5 Nxh5 6 Qh7으로 메이트할 수 있습니다.

132

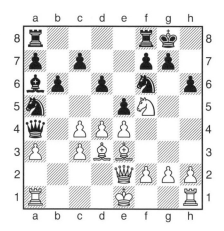

퀸사이드에 이상하게 배치된 흑 피스들 덕분에 백은 멋진 킹사이드 돌격을 시작할 수 있습니다. 1 Bxh6 gxh6 2 Qe3 Ne8(2...Ng4 3 Qh3) 3 Qxh6. (그림 126b)

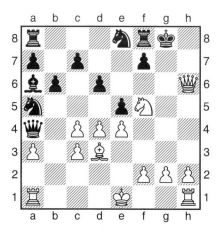

흑이 3...Qd7(백의 Ne7 메이트를 막기 위해)을 두면, 백은 지켜지지 않는 흑 퀸을 뛰어난 솜씨로 이용합니다. 4 Qg5+ Kh7 5 Qh4+ Kg8 6 Qg3+ Kh8 7 Qh3+ Kg8 8 Nh6+ Kg7 9 Qxd7.

치명적인 체크메이트 30

퀸과 비숍을 한 선에
The Queen & Bishop Line-up

이름이 없는 메이트 (하지만 당한 사람은 수 없이 많다)

수년 동안 이 공격에 당한 사람이 수만 명일 텐데, 이 오래된 공격 형태에 이름이 없다는 것은 놀라운 일입니다. 실제로 몇몇 정식 오프닝 중에는 이 작전에 기반을 둔 것들도 있습니다. 백 퀸은 b1-h7 대각선(보통은 c2 또는 d3-칸)에 위치해 있는데, 백 비숍의 앞에서 같은 대각선을 이루고 있습니다. 이 간단한 작전의 효과는 매우 빠릅니다. 백 퀸이 비숍의 지원을 받으며 공격하기 때문에, 흑의 약점인 h7-칸에서 갑자기 메이트 가능성이 생기게 됩니다.

퀸과 비숍이 같은 대각선에 있는 것이 무조건 좋다는 말은 아니지만, 기회가 된다면 해 볼 만한 가치가 있습니다. h7에 대한 지속적인 압박은 흑의 방어를 매우 불편하게 할 수 있습니다. 흑이 한 번만 실수해도 메이트가 되니까요!

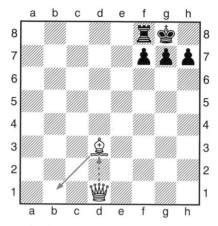

(그림 127a) 백 차례

1 Bb1 다음에 2 Qd3(그림 127b)로 백 퀸이 비숍의 앞에서 대각선을 차지하도록 피스들을 재배치합니다.

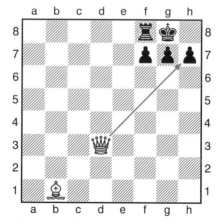

(그림 127b) 흑 차례

오래전부터 사용되어 온 공격 형태입니다. 백 퀸은 비숍의 지원을 받으며 취약한 h7 지점을 공격합니다.

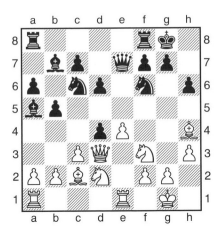

(그림 128) 백 차례

1 e5로 폰을 전진하면 d3부터 h7까지 백 퀸을 위한 핵심 대각선이 열리게 됩니다. 그 다음 흑이 1...Nxe5를 두면 2 Nxe5 dxe5 3 Bxf6 Qxf6 이후에 4 Qh7으로 체크메이트가 됩니다.

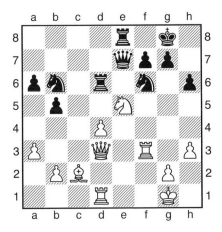

(그림 129) 백 차례

f6의 나이트를 제거함으로써 백이 h7에 침투하여 결정적인 공격을 할 수 있게 됩니다. 1 Rxf6 Qxf6 2 Qh7+ Kf8 3 Rf1 Qe6 4 Ng6+로 이길 수 있습니다.

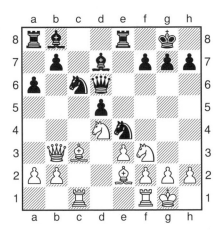

(그림 130) 흑 차례

놀랍게도 흑이 1...Nxd4를 하면 퀸과 비숍이 한 선에 있는 덕분에 피스를 따낼 수 있습니다. 만약 백이 2 exd4를 한다면 2...Nxc3 3 Rxc3 Rxe2로 앞서게 됩니다. 만약 백이 2 Bxd4를 두는 것은 2...Nd2! 3 Qd1 Nxf3+ 4 Bxf3 Qxh2로 메이트가 되기 때문에 더 나쁜 수입니다.

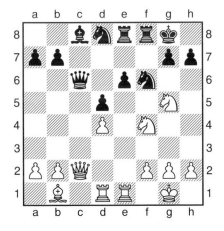

(그림 131) 백 차례

이번에는 세미 스모더드 메이트로 이어지는 독특한 희생이 퀸을 교환하려는 흑의 시도를 무너뜨립니다. 1 Qxh7+ Nxh7 2 Bxh7+ Kh8 3 Ng6 체크메이트입니다.

f6 방어자 제거
Removing the f6 Defender

말을 얻을 수 있다면 뭐든지 하겠어!*

장거리 피스들은 멀리서도 약점을 압박할 수 있습니다. 예를 들어 c2나 d3로 발전한 백 퀸은 흑의 취약한 h7-칸을 노려보게 됩니다. 여기에 백 퀸을 지원해 주는 다른 피스(예를 들어 g5에 있는 나이트 또는 b1에 있는 비숍) 하나를 추가하면, 백은 Qxh7으로 체크메이트를 할 수 있는 충분한 화력을 가질 수 있게 됩니다.

그런데 한 가지 문제가 있습니다. 평범하게 캐슬링 된 포지션에서 일반적으로 흑의 f6 나이트가 h7-칸을 방어하게 됩니다. 백이 방어자인 흑 나이트를 교환으로 없애려는 시도를 해 볼 수는 있지만, 그러는 사이 흑은 위험을 감지하고 메이트를 막을 시간을 벌 수 있습니다.

우리는 두 가지 위협을 동시에 해결할 수 없다는 점을 이용해서, f6 나이트와 <u>다른 피스를 동시에 공격</u>하는 트릭을 사용할 겁니다.

---

* 역주: 셰익스피어의 연극 '리처드 3세'에 나오는 "My kingdom for a horse!"라는 대사로, 살아서 도망치기 위해 말이 꼭 필요함을 의미하는 대사입니다. 본문에서는 '나이트'를 '말'로 빗대었습니다.

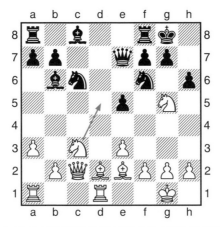

(그림 132a) 백 차례

1 Nd5!로 흑 퀸과 나이트를 동시에 공격합니다. 당장 흑 퀸을 잃지 않으려면 반드시 퀸이 이동(만약 1...Nxd5를 하면 2 Qh7으로 즉시 메이트 되므로)해야만 합니다. 1...Qd8 2 Nxf6+ Qxf6. (그림 132b)

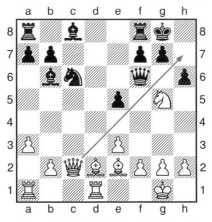

(그림 132b) 백 차례

이제 3 Qh7 체크메이트를 막을 수 없습니다. 흑 퀸에 대한 공격을 이용해 h7을 지키는 중요한 방어자인 f6 나이트를 제거한 점에 주목하세요.

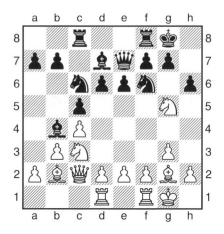

(그림 133) 백 차례

g5에 있는 백 나이트가 공격받고 있습니다. 백은 나이트를 후퇴하는 대신 희생을 해서 f6의 나이트를 제거하기로 합니다. 1 Nd5 exd5 2 Bxf6 Qxf6 3 Qh7으로 메이트입니다.

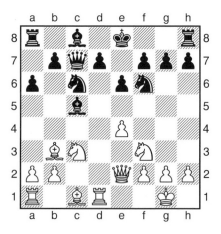

(그림 134) 흑 차례

평범해 보이는 포지션이 백에게 불리하게 바뀝니다. 1...Ng4 2 Rf1?(f2-폰을 방어하는 수는 맞지만, Be3가 더 좋았습니다) 이후에 2...Nd4!로 흑이 완벽하게 승리합니다.

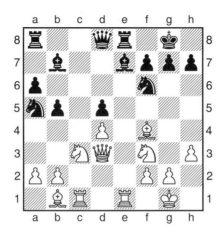

(그림 135a) 백 차례

1 Bc7!이라는 놀라운 유인 희생이 있습니다. 그 다음 1...Qxc7 2 Nxd5(그림 135b)로 흑 퀸은 두 개의 피스(d5의 나이트와 c1의 룩)로부터 동시에 공격을 받습니다.

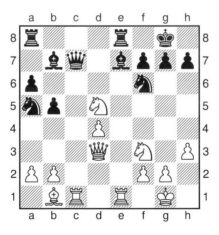

(그림 135b) 흑 차례

흑 퀸은 마땅한 방법이 없기 때문에(2...Bxd5는 3 Rxc7이므로) 물러나야만 하는데, 2...Qd8을 두고 나면 메이트를 피할 수 없게 됩니다. 3 Nxf6+ Bxf6 4 Qxh7+ Kf8 5 Qh8으로 메이트.

그릭 기프트 ①

The Greek Gift

그릭 기프트*는 받는 것보다 주는 것이 더 좋아요

클래식한 그릭 기프트 희생은 체스에서 가장 중요한 공격 테마일 수 있습니다. 해마다 수 천개의 비숍들이 움직이지 않는 h-폰을 위해 다양한 위치에서 희생되는데, 목적은 모두 똑같습니다. 킹사이드로 캐슬링된 상대의 킹을 노출시키는 것. 상대는 희생을 받아들이는 것 말고는 선택의 여지가 별로 없지만, 그 다음 이어지는 공격으로 무조건 승리한다고 말하기는 어렵습니다.

백이 Bxh7+를 두고 난 이후의 클래식한 공격 방법은 Ng5+와 Qh5입니다. 백의 공격이 성공하느냐 실패하느냐는 <u>바로 그 순간</u> 양쪽 피스들의 정확한 위치에 달려 있습니다. 그러므로 성공하는 방법의 기준을 알면 아주 큰 장점을 얻을 수 있겠죠.

---

* 역주: 그리스 로마 신화에 나오는 이야기로, 트로이는 성 앞에 있던 목마를 그리스 군대가 떠나며 남겨 놓은 선물로 착각한 채 자신들의 성 안으로 들여 놓게 되는데, 목마 안에 숨어 있던 그리스 병사들이 몰래 트로이의 성 문을 열어 그리스 군대가 들어올 수 있도록 한 계략이었습니다. 그리스인의 선물이라는 뜻의 그릭 기프트는 적이 내부로 들어올 수 있도록 스스로 초대한다는 뜻으로 쓰입니다.

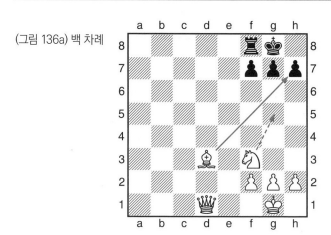

(그림 136a) 백 차례

1 Bxh7+로 백 비숍은 h7-폰을 잡고 희생됩니다. 이후에 1...Kxh7 2 Ng5+로 흑 킹은 나이트의 체크를 받고 뒤로 후퇴합니다. 2...Kg8. (그림 136b)

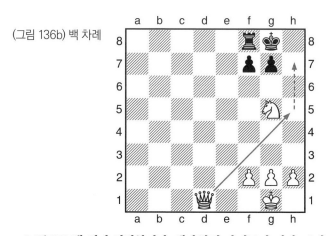

(그림 136b) 백 차례

3 Qh5로 백 퀸이 진격합니다. 왜냐하면 나이트가 이미 g5에 있으므로, 그 다음 4 Qh7 체크메이트 위협이 있기 때문입니다.

(그림 137a) 백 차례

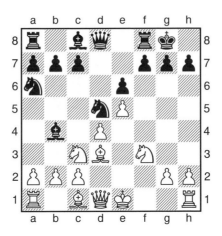

1 Bxh7+ Kxh7 2 Ng5+ 일 때, 백 비숍이 지켜주므로 흑 퀸은 나이트를 잡을 수 없습니다. 흑 킹이 2...Kg8으로 피하고 나면, 그 다음 메이트 위협이 이어집니다. 3 Qh5. (그림 137b)

(그림 137b) 흑 차례

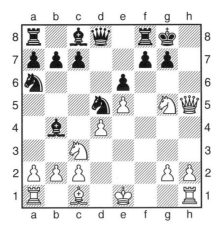

f6-칸은 흑 나이트가 올 수 없기 때문에 흑의 3...Re8이 강제(흑 킹이 도망갈 칸을 만들기 위해)됩니다. 백은 다음과 같이 공격을 이어갑니다. 4 Qxf7+ Kh8. (그림 137c)

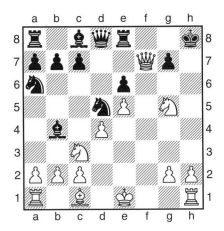

(그림 137c) 백 차례

백 퀸이 계속해서 체크를 합니다. 5 Qh5+ Kg8 6 Qh7+ Kf8. (그림 137d) 흑은 계속된 체크를 해결해야 하므로 방어를 재정비할 시간이 없습니다.

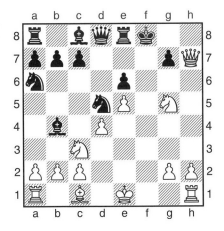

(그림 137d) 백 차례

백 퀸이 왜 중간에 f7-폰을 잡았는지 이제서야 분명해집니다. 백은 7 Qh8+ Ke7 이후에 8 Qxg7으로 체크메이트를 만들어 냅니다.

그릭 기프트 ②
The Greek Gift

우리집 거실로 오세요...

Bxf7+로 백 비숍이 희생을 한 다음 나이트가 g5에서 체크를 했을 때, 흑 킹이
g6로 나오는 수가 가능합니다. 이 수비 방법의 아이디어는 ...Kg8으로 후퇴한 뒤에
이어지는 백의 강력한 Qh5를 막기 위함입니다.

하지만 이 경우 g6-칸에 있는 흑 킹은 매우 노출된 상태가 됩니다. 일부 포지션
에서는 흑이 다른 피스를 이용해 탈출하기도 하지만, 일반적으로는 공격에 지원군
을 투입할 수 있다면 백이 이길 수 있습니다.

백은 흑이 ...Kg6로 수비했을 때 즉각적인 강제수를 이용해 무조건 이길 수 있는
게 아님을 알아야 합니다. 흑 킹을 압박하는 게 생각보다 길어질 수 있습니다. 여러
분은 희생으로 인해 피스에서 지고 있다는 사실은 잠시 잊고, 침착하게 또 다른 피
스나 폰을 공격에 투입할 필요가 있습니다. 성격 테스트하기 좋은 순간이죠!

그릭 기프트 희생의 대표적인 패턴(흑이 ...Kg6로 수비하는 경우)

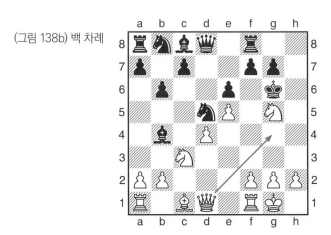

(그림 138a) 백 차례

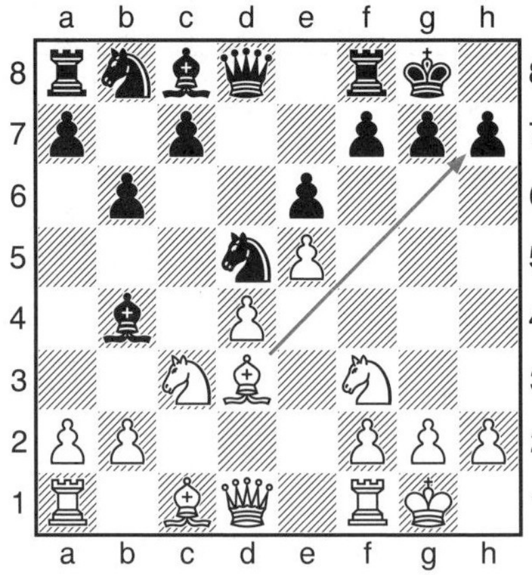

1 Bxh7+ Kxh7 2 Ng5+ 다음에 흑 킹이 앞으로 나옵니다. 2...Kg6. (그림 138b) 백은 다음 수를 생각해야 합니다. 3 Qg4, 3 h4 또는 3 Qd3+ 등을 말이죠.

(그림 138b) 백 차례

3 Qg4가 가장 일반적으로 공격을 이어나가는 방법입니다. 치명적인 디스커버드 체크(4 Nxe6+)가 가능해졌으며, 흑이 3...f5로 공격하면 4 Qg3로 위협을 유지합니다.

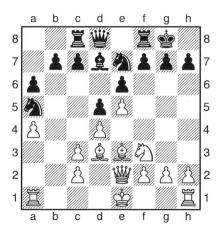

(그림 139a) 백 차례

1 Bxh7+ Kxh7 2 Ng5+ Kg6(그림 139b) 다음의 후속 공격으로 3 Qg4는 확실하지 않습니다. 흑이 3...f5를 하고 나면 4 exf6 Kxf6 또는 4 Qg3 f4 5 Qg4 Qe8으로 응수할 수 있습니다.

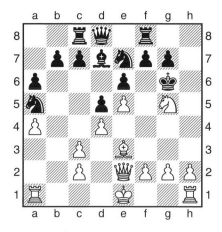

(그림 139b) 백 차례

따라서 백은 3 Qg4 대신 3 h4!를 플레이하여 쉽게 이깁니다. 4 h5+를 하면 흑킹이 중앙으로 몰리게 되므로 그 다음 수는 매우 큰 위협이 됩니다.

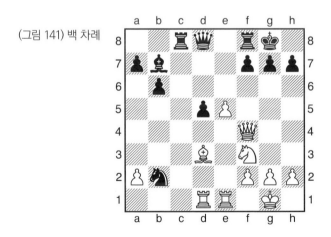

(그림 140) 흑 차례

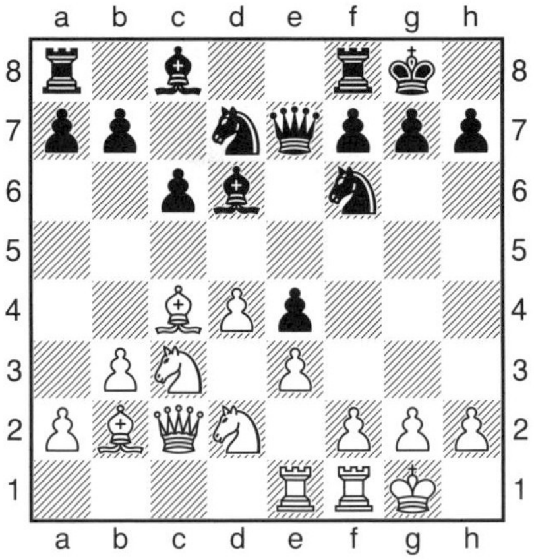

이번 희생은 멋져 보이지만 옳지 않습니다. 만약 흑이 1...Bxh2+로 희생을 하고 2 Kxh2 Ng4+ 3 Kg3 이후에 3...Qg5를 두면 백이 4 Ndxe4 Qg6 5 Kf3로 도망 치고, 3...Qd6+를 하면 4 f4 exf3+ 5 Kxf3로 백이 공격을 막아냅니다.

(그림 141) 백 차례

1 Bxh7+ Kxh7 2 Ng5+ Kg6 3 h4!를 하면 백이 무서운 공격을 할 수 있습니 다. 예를 들면, 3...Nxd1 4 h5+ Kxh5 5 g4+ Kg6 6 Qf5+ Kh6 7 Nxf7+ Rxf7 8 Qh5로 메이트가 됩니다.

그릭 기프트 ③
The Greek Gift

미들게임에서 킹이 h6에?

그릭 기프트 비숍 희생에서 ...Kh6로 대응하는 방법은 ...Kg6 수비 방법(치명적인 체크메이트 33)과 같은 아이디어입니다. 그러나 ...Kh6로 수비하는 방법은 보통 흑 킹이 더 위험하므로 매우 드물게 사용됩니다. 예를 들어 백이 c1-h6 대각선에 어두운 색 비숍을 가지고 있다면, 이미 디스커버드 체크의 가능성이 숨겨져 있으니까요.

...Kh6의 또 다른 단점은 백 퀸이 종종 h-파일에서 불편한 체크를 할 수 있다는 점입니다.

그러므로 ...Kh6는 백이 폰을 h4로 전진한 상황에서만 쓸 수 있는 방어법입니다. 왜냐하면 h4에 있는 백 폰이 퀸 체크로부터 흑 킹을 보호해주기 때문입니다.

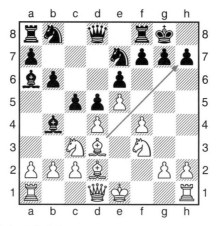

(그림 142a) 백 차례

이번과 같은 유리한 버전에서는 1 Bxh7+ Kxh7 2 Ng5+ Kh6(그림 142b)에서 어떻게 이길지 선택할 수 있습니다. 예를 들어 3 f5를 해서 d2-비숍으로부터 디스커버드 체크를 준비합니다.

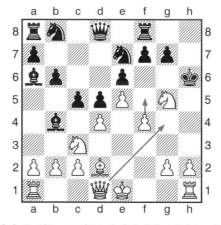

(그림 142b) 백 차례

3 Qg4는 백이 이길 수 있는 또 다른 방법입니다. 퀸이 h-파일에서 체크를 하며 2수 메이트를 위협할 수 있습니다. 예를 들면, 3...Nf5 4 Qh3+ Kg6 5 Qh7으로 체크메이트가 됩니다.

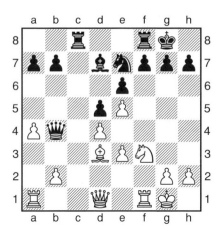

백은 어두운 칸 비숍이 없지만 1 Bxh7+ Kxh7 2 Ng5+ Kh6 3 Qg4로 여전히 강력한 공격을 할 수 있습니다. 흑은 3...Qd2(그림 143b)를 두어 e3-폰을 공격합니다.

(그림 143b) 백 차례

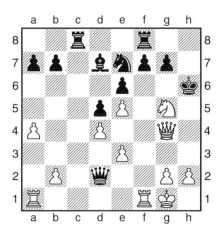

이제 그릭 기프트의 전형적인 킹 공격이 시작됩니다. 4 Qh4+ Kg6 5 Qh7+ Kxg5 6 h4+ Kg4 7 Qxg7+ Ng6 8 Qh6 Nxh4 9 Rf4+ Kg3 10 Qxh4로 백이 체크메이트를 만들 수 있습니다.

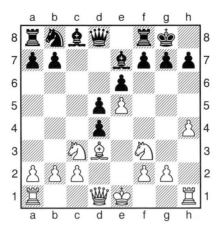

(그림 144a) 백 차례

이번 예시처럼 백 폰이 h4에 있으면, 흑이 ...Kh6 방어를 시도해 볼 수 있습니다. 1 Bxh7+ Kxh7 2 Ng5+ Kh6!?. (그림 144b)

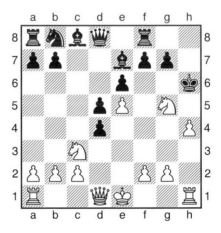

(그림 144b) 백 차례

이번에는 퀸이 h-파일로 움직여서 체크를 할 수 없으므로 즉시 이길 수는 없습니다. 백이 3 Qd3(Qh7 메이트 위협)를 했을때 3...g6 4 h5!?로 승리를 장담할 수 없는 포지션이 됩니다.

그릭 기프트 ④
The Greek Gift

고전적인 방법을 새로 쓰다

고전적인 방법의 그릭 기프트 희생은 매우 다양한 포지션에서 나올 수 있기 때문에 이 주제로 책 한 권은 쓸 수 있을 정도입니다. 이 공격이 실패로 돌아가는 경우도 있는데, 예를 들자면, 백의 Qh5 이후에 흑이 h7-칸을 방어할 수 있을 때가 그렇습니다. 흑 나이트가 f6로 이동하거나 흑 비숍이 f5로 이동할 수 있다면 방어에 성공할 수 있습니다.

반면에 흑이 g5의 나이트를 공격으로 제거하더라도 백이 승리할 수 있는 정교한 버전(백 폰이 h4에 있고 룩이 h1에 있는 경우)도 있습니다.

(그림 145a) 백 차례

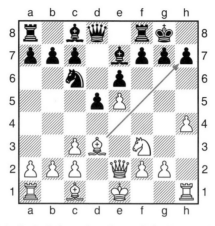

e7에 있는 흑 비숍의 방어에도 불구하고 <u>h4에 있는 폰과 h1에 있는 룩 덕분에</u> 백은 희생 공격을 할 수 있습니다. 1 Bxh7+ Kxh7 2 Ng5+ Kg8 3 Qh5. (그림 145b)

(그림 145b) 흑 차례

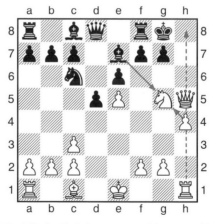

흑 비숍이 나이트를 잡을 수 있지만 3...Bxg5 4 hxg5로 백 룩을 위한 <u>h-파일이 열립니다.</u> 그리고 나서 4...f6 5 g6로 흑은 h7이나 h8에서의 메이트를 피할 수 없습니다.

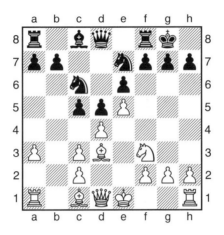

(그림 146a) 백 차례

흑 나이트가 e7에 있을 때의 좋은 예시입니다. 1 Bxh7+ Kxh7 2 Ng5+ Kg8 3 Qh5 Re8(그림 146b) 이후에 백은 f7-폰의 '공짜 제안'을 거절합니다.

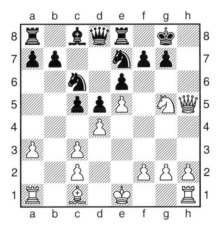

(그림 146b) 백 차례

4 Qh7+!가 옳은 방법(4 Qxf7+ Kh8 5 Qh5+ Kg8이면 나중에 흑 킹이 f7으로 도망칠 수 있음)입니다. 그 다음에는 4...Kf8 5 Qh8+ Ng8 6 Nh7+ Ke7 7 Bg5+ 로 백이 승리합니다.

(그림 147) 백 차례

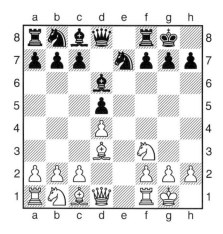

이번 예시는 흑 비숍이 b1-h7 대각선에 들어올 수 있기 때문에 그릭 기프트 희생이 통하지 않습니다. 왜냐하면 1 Bxh7+? Kxh7 2 Ng5+ Kg8 3 Qh5 다음에 3...Bf5로 h7-칸을 방어할 수 있으니까요.

(그림 148) 백 차례

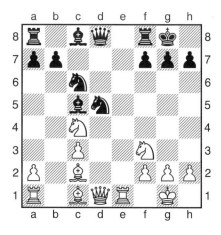

이번에는 흑 나이트가 f6로 이동할 수 있기 때문에 역시 희생 공격이 통하지 않습니다. 만약 1 Bxh7+? Kxh7 2 Ng5+ Kg8 3 Qh5로 공격한다면 3...Nf6로 h7-칸을 지켜낼 수 있습니다.

긴 대각선 메이트
Mate on the Long Diagonal

위험한 고속도로

a1부터 h8까지 긴 대각선을 통제하는 어두운 칸 비숍은 다양한 콤비네이션이 가능하도록 만들어 줍니다. 또한 이 비숍은 다른 모든 피스들과 협동도 잘 합니다. 비숍이 h8-칸을 지켜주기 때문에 h-파일 아래쪽에서 들어오는 룩의 공격이 강력해집니다.

비숍과 퀸이라는 단짝은 특히 치명적이죠. 비숍의 앞쪽으로 긴 대각선에 함께 퀸을 놓음으로써, 백은 g7-칸이나 h8-칸에서 메이트를 위협할 수 있습니다. 설령 메이트는 예방할 수 있다 하더라도, 퀸이 1수 메이트 위협과 동시에 외톨이 피스를 포크한다면 흑은 오히려 쉽게 피스를 잃을 수 있습니다.

(그림 149a) 백 차례

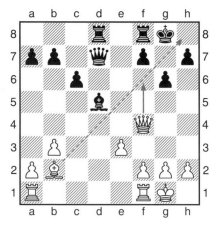

백 비숍이 긴 대각선을 그어서 흑 킹의 바로 옆 g7과 h8-칸을 통제하고 있네요.
백은 1 Qf6(그림 149b)로 이 약점을 이용합니다.

(그림 149b) 흑 차례

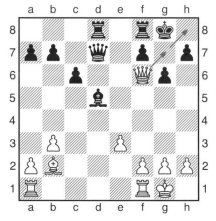

흑 킹 주위의 어두운 칸 약점은 흑의 방어를 속수무책으로 만듭니다. 백이 다음
수에 2 Qg7 또는 2 Qh8로 체크메이트하는 걸 막을 방법이 없네요.

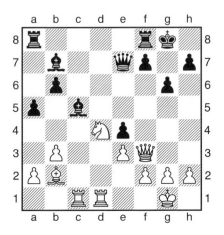

백은 자신의 퀸이 공격받고 있는 걸 무시한 채 1 Nf5(Nh6 메이트와 Nxe7+ 위협)를 둡니다. 흑은 이 나이트를 잡을 수 없으므로(1...gxf5 2 Qg3+) 1...Qg5(그림 150b)를 둡니다.

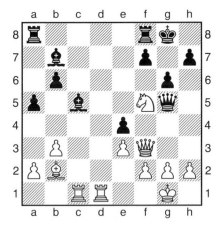

백은 2 Nh6+ Qxh6로 나이트를 희생하는 디플렉션으로 흑 퀸을 밀어냅니다. 그런 다음, 백은 3 Qf6를 두며 긴 대각선에서 치명적인 체크메이트 패턴을 만들고 승리합니다.

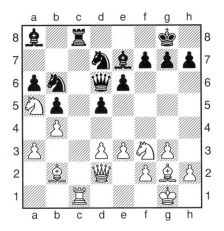

(그림 151) 백 차례

1 Rxc8+ Nxc8 2 Qc3는 더블 어택으로 피스를 얻을 수 있는 2수 콤비네이션입니다. 백은 c8-나이트와 g7-메이트를 동시에 위협합니다.

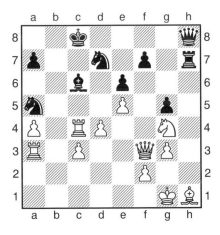

(그림 152) 흑 차례

1...Rxh1+ 2 Qxh1 Qxh1 메이트는 'X-레이 공격'을 보여주는 예시입니다. 흑 비숍의 힘이 백 퀸을 지나 h1-칸까지 바로 느껴질 정도네요.

어두운 칸 약점
Weak Dark Squares

피앙케토 비숍이 사라진 불행한 경우

어두운 칸 약점은 흑의 g-폰이 g6로 이동했는데 g7에 흑의 피앙케토 비숍이 없을 때 일어납니다. 이 수비적인 비숍이 없다는 뜻은 백이 f6와 h6를 훨씬 쉽게 공격에 활용할 수 있다는 걸 말합니다.

게다가 캐슬링 된 흑 킹의 옆에 있는 어두운 칸인 g7과 h8은 잠재적인 메이트 지점이 됩니다.

어두운 칸 약점을 다음의 네 가지 포지션 중 하나로 이용할 수 있습니다.

1) 백 폰을 f6 또는 h6로 진격시키거나

2) 백 비숍을 f6 또는 h6로 데려옵니다.

h6 또는 f6에 자리 잡은 비숍이나 폰은 백 퀸이 공격에 투입될 수 있다면 특히 위험한 존재가 됩니다.

(그림 153) 백 차례

1 Qg7을 두면 체크메이트가 됩니다. h6에 있는 비숍이 백 퀸을 지켜주고 있습니다.

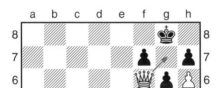

(그림 154) 백 차례

1 Qg7으로 체크메이트가 됩니다. h6에 있는 폰이 퀸을 지켜주네요.

(그림 155) 백 차례

1 Qg7을 두면 체크메이트입니다. f6에 있는 폰이 퀸을 보호해 주니까요.

(그림 156) 백 차례

1 Rh8을 두면 체크메이트가 됩니다. f6에 박혀 있는 비숍은 여러가지 메이트 가능성을 만들어 줍니다.

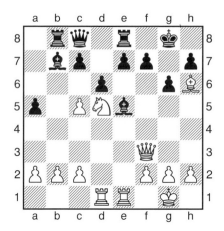

(그림 157) 백 차례

e5에 있는 흑 비숍과 e7에 있는 흑 폰이 모두 제거되어야 백이 f6-칸을 사용할 수 있기 때문에 1 Rxe5 dxe5 2 Nxe7+ Rxe7 3 Qf6를 두면 이길 수 있습니다.

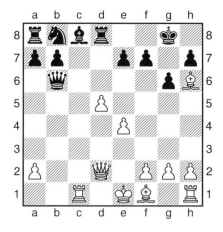

(그림 158) 백 차례

h6에 있는 비숍은 백-랭크 메이트도 도와주고 있습니다. 백이 1 Qc3를 두면 g7-칸에서 메이트를 위협하게 됩니다. 흑이 1...f6를 하면 2 Qxc8 Rxc8 3 Rxc8+ Kf7 4 Rf8으로 메이트가 됩니다.

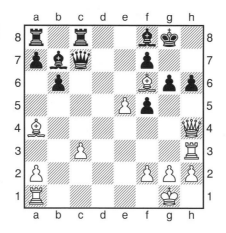

(그림 159) 백 차례

1 Qxh6 Bxh6 2 Rxh6 이후에 체크메이트(Rh8으로)를 막을 수 없습니다. 체스 마스터는 이런 아주 흔한 패턴을 곧바로 알아챈답니다.

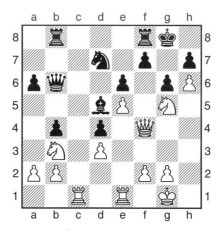

(그림 160) 백 차례

백 퀸은(Qg7 메이트를 노리기 위해) f6-칸에 가고 싶어 합니다. 그래서 f6-칸을 지키는 흑 나이트를 유인하기로 합니다. 1 Nc5! Nxc5 2 Qf6로 곧 메이트를 만들 수 있습니다.

또 다른 블랙번 메이트
Blackburne's Other Mate

비숍과 나이트로 아빠를 놀라게 해보자

비숍과 나이트는 어두운 칸 약점을 활용한 공격에 잘 어울리는 사이입니다. 1897년 알빈Albin과 블랙번Blackburne의 경기는 이를 보여주는 좋은 예시인데, 이 경기에서 블랙번은 단 17수 만에 승리했습니다.

a1-h8의 긴 대각선에 위치한 백 비숍은 이 대각선이 어떤 피스나 폰들에게 막혀 있지 않다면 흑에게 불편한 존재가 될 것입니다. 심지어 a1이나 b2처럼 멀리 떨어진 곳에 배치되어 있어도 비숍은 흑 킹 포지션에 실질적인 압력을 행사하게 됩니다. 특히나 다음과 같은 경우라면 말이죠.

a) 흑은 자신의 어두운 칸 비숍이 없고

b) 흑의 g7-폰이 이동했거나 없는 경우.

이런 유리한 포지션을 이용하기 위해 나이트 하나를 흑 킹 근처의 밝은 색 칸(f5 또는 g4와 같은 칸)으로 이동시킬 수 있다면 좋습니다.

또 다른 블랙번 메이트의 기본 패턴

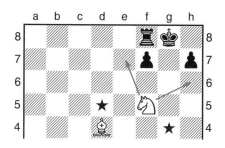

(그림 161) 백 차례

1 Nh6와 1 Ne7 둘 다 체크메이트가 됩니다. d5-칸과 g4-칸(★이 있는 칸) 모두 백 나이트를 위한 훌륭한 전초기지가 됩니다.

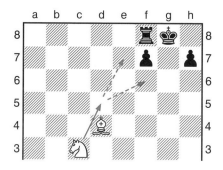

(그림 162) 백 차례

1 Nd5는 다음 수 2 Ne7으로 메이트하는 위협이 있으며, 또한 f6-칸에서 체크를 해서 상대를 불편하게 할 수도 있습니다.

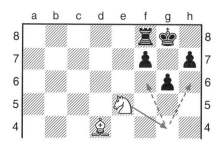

(그림 163) 백 차례

1 Ng4는 자주 나오는 강력한 움직임입니다. g4에 있는 나이트는 h6에서 메이트와 f6에서 무시무시한 체크를 동시에 위협하고 있습니다.

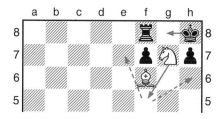

(그림 164) 백 차례

1 Nf5+ Kg8 이후에 대표적인 메이트 그물이 만들어집니다. 2 Nh6와 2 Ne7 모두 체크메이트가 됩니다.

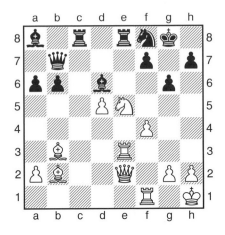

(그림 165) 백 차례

1 Ng4를 두면 흑 킹 주변의 <u>어두운 칸 약점</u>을 이용해 승리할 수 있습니다. 2 Nh6 체크메이트 외에도, 백은 2 Rxe8과 2 Nf6+를 위협하고 있습니다.

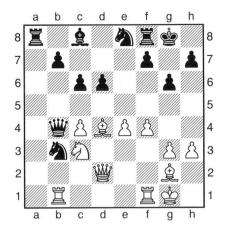

(그림 166) 백 차례

1 Nd5!(2 Ne7으로 메이트 위협)라는 놀라운 수는 흑이 백 퀸을 잡을 시간을 주지 않습니다. 그 다음에 1...cxd5 2 Qxb4로 백은 흑 퀸을 잡으며 승리합니다.

(그림 167) 백 차례

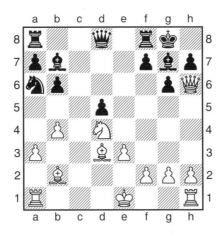

어두운 칸을 지키는 흑의 피앙케토 비숍이 백 퀸의 희생으로 즉시 제거됩니다.
1 Qxg7+ Kxg7 2 Nf5++ (더블 체크!) 2...Kg8 3 Nh6 메이트입니다.

(그림 168) 백 차례

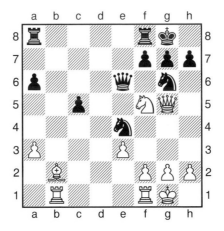

놀랍지만 드물지 않게 나오는 움직임으로 백이 1수 만에 이길 수 있는 방법이 있습니다. 1 Qh6!를 두면 g7에서 메이트를 막을 수 없기 때문에 1...gxh6로 잡아야 하고, 그 다음 2 Nxh6로 메이트를 만듭니다.

롤리 메이트
Lolli's Mates

작은 폰 하나, 큰 골칫덩어리

적절한 상황이 주어진다면 상대 킹의 포지션을 약화시키기 위해 f-폰을 전진하는 것이 강력한 전술이 될 수 있습니다. 일단 f6-칸에 폰이 박히면 흑 입장에서는 가시처럼 느껴질 수 있으니까요. 백-랭크 메이트가 될 수 있는 가능성처럼 이러한 위협은 엔드게임까지 이어질 수 있습니다.

흑 킹 주변에 백 퀸도 있다면 수비하는 입장에서 엄청나게 위험한 상황이겠죠. g7에서 즉시 메이트 되는 것은 막을 수 있을지 몰라도, <u>백이 룩이나 나이트를 공격에 추가적으로 투입할 수 있다면 흑의 방어는 무너져버릴 게 뻔합니다.</u> 룩으로 메이트하는 방법은 이탈리아의 체스 연구가인 지암바티스타 롤리Giambattista Lolli(1698-1769)의 이름을 따서 지어졌습니다.

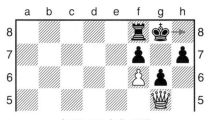

(그림 169a) 흑 차례

백의 체크메이트 위협(Qh6에 이어 Qg7으로 메이트)에 대응하기 위해 흑은 1...Kh8(그림 169b)을 둡니다.

(그림 169b) 백 차례

백 퀸이 2 Qh6(그림 169c)로 들어가서 g7-칸에서 체크메이트를 위협합니다.

(그림 169c) 흑 차례

1...Rg8(그림 169d)으로 체크메이트를 방어합니다. 하지만 흑 킹이 움직일 수 있는 g8-칸을 막아버렸네요.

(그림 169d) 백 차례

나이트를 g5로 데려오거나 룩을 h-파일로 불러들인다면, 아주 쉽게 백이 이길 수 있습니다.

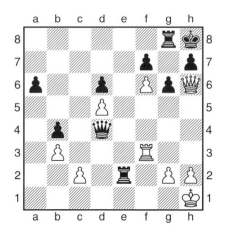

(그림 170) 백 차례

백은 룩이 하나 부족하고 메이트되기 직전에 있음에도 불구하고, 퀸을 희생하는 롤리 메이트를 이용해 승리할 수 있습니다. 1 Qxh7+ Kxh7 2 Rh3+ Qh4 3 Rxh4 메이트.

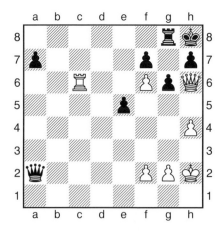

(그림 171) 백 차례

백이 1 Rc8을 두면 흑이 어떤 수를 두더라도 백의 2 Qg7 체크메이트를 막을 수 없습니다.

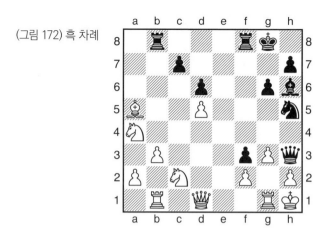

(그림 172) 흑 차례

1...Nf6 2 Qf1 Ng4! 3 Qxh3 Nxf2로 깔끔한 세미 스모더드 메이트가 됩니다. 2 Qxf3로 방어하는 것 역시 2...Ng4 3 Qg2 Nxf2+ 때문에 백이 이깁니다.

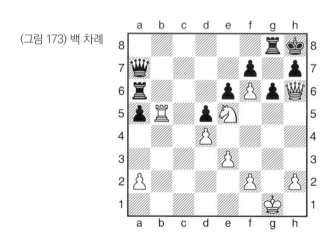

(그림 173) 백 차례

백의 1 Rb8! 희생은 나이트와 룩의 테마가 결합된 모습을 재치 있게 보여줍니다. 흑의 1...Rxb8은 2 Qg7으로 메이트 되며, 1...Qxb8은 2 Nxf7으로 메이트 됩니다.

백-랭크 메이트
Back-Rank Mates

아빠의 폰들이 자기도 모르게 공범이 되는 곳

이번 주제는 아마도 모든 테마 중에 가장 흔하게 접할 수 있는 게 아닐까 합니다. 일반적인 백-랭크 메이트는 퀸이나 룩이 8번째 랭크에서 체크를 했을 때 상대 킹의 탈출이 자신의 폰들에게 막히게 되어 일어납니다. 보통 이러한 형태는 킹사이드 캐슬링을 한 킹 앞에 줄지어 있는 세 개의 폰들 때문에 생겨나죠. 미들게임 초반에 7랭크의 이 폰들(f7, g7, 그리고 h7)은 정면 공격으로부터 흑 킹을 지키는 훌륭한 방패가 되어줍니다. 하지만 이후에 보드의 다른 곳에서 폰들이 교환되고 파일이 열리면서 퀸 또는 룩이 백-랭크로 침투할 가능성이 높아집니다. 방어막이었던 자신의 폰들이 갑자기 치명적인 덫으로 바뀌고 말죠.

여러분이 '백-랭크 메이트'에 당하지 않기 위해서는, 캐슬링을 한 이후 킹을 위한 '구멍'을 만들어(예를 들어, h-폰을 한 칸 밀어서) 예방해야 할 필요가 있음을 꼭 기억하세요.

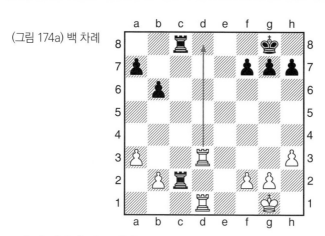

(그림 174a) 백 차례

흑이 자신의 킹을 위한 '숨 쉴 구멍'을 만드는 걸 잊었기 때문에 백은 1 Rd8+ Rxd8 2 Rxd8(그림 174b)으로 체크메이트를 만들 수 있습니다.

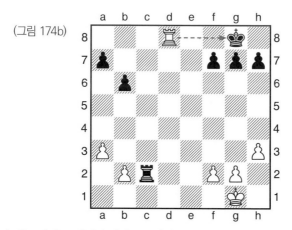

(그림 174b)

흑이 체크메이트 되었습니다. 흑 킹이 자신의 킹사이드 폰 세 개에 둘러싸여 백 룩의 체크에서 빠져나갈 수 없다는 점에 주목하세요.

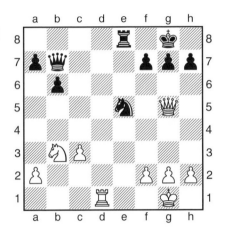

(그림 175) 백 차례

1 Qxe5로 나이트를 잡는 것은 백-랭크 메이트의 가능성을 활용한 대표적인 방법입니다. 만약 흑이 1...Rxe5로 퀸을 잡는다면 백은 2 Rd8+ Re8 3 Rxe8으로 체크메이트를 할 수 있습니다.

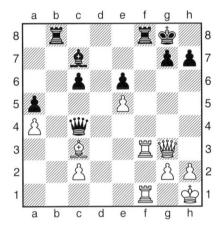

(그림 176) 흑 차례

킹이 구석에 있을 때에는 단 2개의 폰(g2와 h2)으로도 킹의 탈출을 막을 수 있습니다. 흑은 다음과 같이 백 킹을 체크메이트 시킵니다. 1...Qxf1+ 2 Rxf1 Rxf1.

(그림 177) 흑 차례

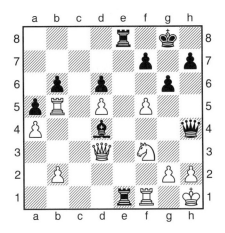

백의 백-랭크가 약하기 때문에 이번 테마를 이용한 전술인 1...Qf2로 게임을 끝 낼 수 있습니다. 예를 들어, 2 Nxe1 Rxe1 3 Rxe1 Qxe1+ 4 Qf1 Qxf1으로 메이 트 합니다.

(그림 178) 백 차례

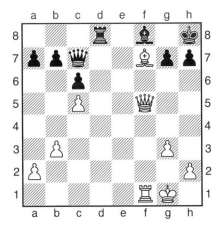

1 Be8!이라는 놀라운 수로 백-랭크 메이트 위협이 만들어 집니다. 흑이 1...Be7 을 두면 백이 2 Qf8+로 승리하며, 1...Rxe8을 두면 2 Qxf8+ Rxf8 3 Rxf8 메이 트로 역시 승리할 수 있습니다.

고급스러운 백-랭크 메이트
The Refined Back-Rank Mate

백-랭크 메이트에도 품격이 있다

기본적인 백-랭크 메이트에서 변형된 이 멋진 버전은 백이 우선 <u>백-랭크를 방어</u>
<u>하는 유일한 피스를 디코이</u> 희생을 하며 시작합니다. 대부분의 경우 이 희생은 f7-
칸에서 이루어지며, 백-랭크를 방어하는 피스는 f8-칸에 있는 흑 룩이 됩니다.

어떤 피스든 디코이 희생 역할을 할 수 있지만 퀸으로 f7을 잡는 방법(체크와 동
시에 흑 룩을 공격하므로)이 분명 가장 치명적인 버전입니다. 여기서는 두 가지 기
본 패턴을 살펴보겠습니다. 하나는 퀸이 백 비숍과 룩의 지원을 받는 방법이고, 다
른 하나는(한 수가 더 걸리는) 2개의 룩이 도와주는 경우입니다.

(그림 179a) 백 차례

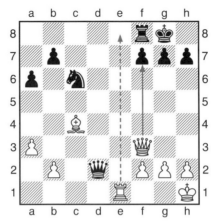

만약 흑 룩이 없었다면 백은 자신의 룩으로 백-랭크 메이트를 할 수 있었겠죠. 그래서 백은 1 Qxf7+로 디코이 희생을 하고 1...Rxf7(그림 179b)을 강제합니다.

(그림 179b) 백 차례

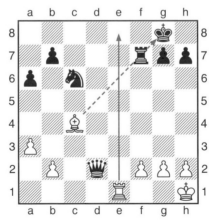

이제 2 Re8으로 백-랭크에서 체크메이트를 만듭니다. 흑 룩은 c4에 있는 백 비숍의 핀에 걸려 있어서 체크를 막을 수 없습니다.

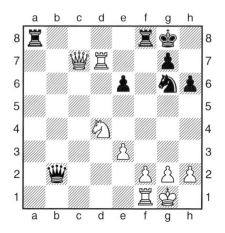

(그림 180a) 흑 차례

손해보는 포지션인 것처럼 상대를 속이는 것을 '속임수swindle'라고 부르는데, 이번에 그 예가 나옵니다! 흑이 1...Qxf2+를 하면 백은 2 Rxf2로 무조건 잡아야만 합니다.

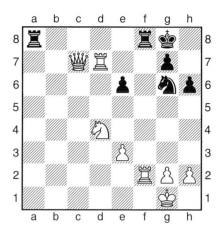

(그림 180b) 흑 차례

1...Ra1+로 흑의 교활한 아이디어가 밝혀집니다. 백 룩이 2 Rf1으로 막아보지만 흑은 다른 룩으로 f1-룩을 잡으며 메이트를 만듭니다.

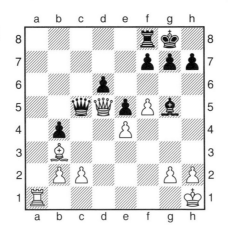

(그림 181) 백 차례

백 퀸은 거의 모든 곳에서 f7에 희생할 수 있는데, 이번 예시에서는 흑이 그 사실을 놓쳐버렸네요. 1 Qxf7+ Rxf7 2 Ra8+ 이후에 곧 메이트 됩니다.

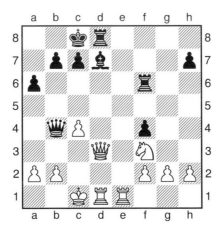

(그림 182) 백 차례

퀸사이드에서 백-랭크 메이트는 훨씬 드물게 나오지만, 고급스러운 백-랭크 메이트라면 가능합니다. 백이 1 Qxd7+ Rxd7 2 Re8+ Rd8 3 Rxd8(둘 중에 아무 룩으로) 메이트입니다.

또 다른 백-랭크 메이트
More Back-Rank Mates

위험 신호를 알면, 많은 경기에서 이길 수도, 방어할 수도 있어요

기본적인 백-랭크 메이트(치명적인 체크메이트 40)에서 흑의 킹은 움직인 적 없는 자신의 킹사이드 폰 3개에 치명적으로 둘러싸여 있었습니다. 이때 백 룩이나 퀸이 8번째 랭크에서 체크를 하면 불운한 킹은 탈출할 수 없었죠.

이 백-랭크 메이트 패턴에는 수 십 가지 변형이 있는데, 킹을 방어하는 폰들 중하나 이상이 이동한 경우(또는 없는 경우)에도 여전히 백-랭크 메이트가 만들어질 수 있습니다.

바로 킹의 잠재적인 탈출구가 상대의 피스나 폰에 의해 통제될 때 문제가 일어날 수 있습니다.

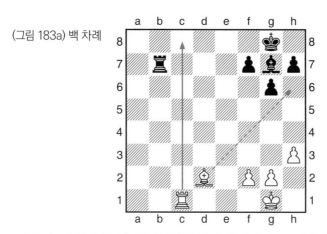

(그림 183a) 백 차례

1 Rc8+ Bf8 2 Bh6(그림 183b)를 두면 백 비숍이 g7-칸을 통제하고 있기 때문에 흑 킹은 탈출할 수 없게 됩니다.

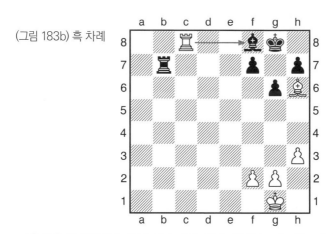

(그림 183b) 흑 차례

자신의 차례이지만 흑이 졌습니다. 흑은 백의 Rxf8 체크메이트 위협을 방어할 방법이 없으니까요.

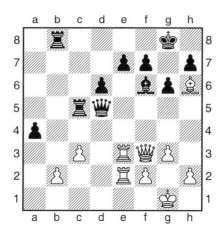

(그림 184) 백 차례

이번 예시의 위험 신호는 흑 킹이 백-랭크에서 빠져나오지 못하게 만드는 h6-비숍입니다. 따라서 백은 1 Qxf6 exf6 2 Re8+ Rxe8 3 Rxe8으로 체크메이트를 만듭니다.

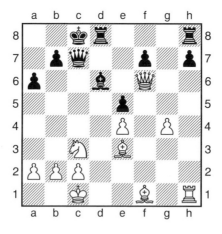

(그림 185) 흑 차례

흑은 1...Qxc3로 백 나이트를 무사히 잡을 수 있습니다. 만약 백이 되잡는다면 백-랭크 메이트가 뒤따를 테니까 말이죠. 2 bxc3 Ba3+ 3 Kb1 Rd1+ 4 Bc1 Rxc1 메이트.

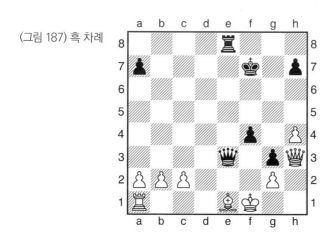

(그림 186) 백 차례

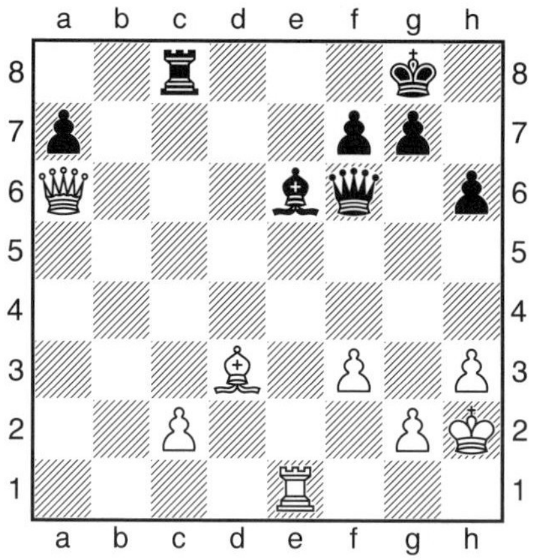

흑 킹의 유일한 탈출구가 될 수도 있는 h7-칸은 d3에 있는 백 비숍이 통제하고 있습니다. 백은 1 Qxc8+ Bxc8 2 Re8 메이트로 승리합니다.

(그림 187) 흑 차례

흑이 1...Qe2+ 2 Kg1 Qxe1+ 3 Rxe1 Rxe1으로 백-랭크에서 메이트를 만듭니다. g3에 있는 흑 폰은 h2와 f2라는 중요한 탈출구 두 곳을 통제하고 있습니다.

룩 디플렉션
Rook Deflections

경호원이 자리를 비울 때...

혼동하기 쉽지만 <u>디플렉션</u> 희생은 디코이 희생과 미묘하게 다릅니다. 디코이 희생은 상대 피스를 <u>특정한 칸으로</u> 유인하는 것이며, 디플렉션은 상대 피스를 <u>특정 지점으로부터</u> 벗어나게 만드는 것입니다. 벗어난 피스가 어디로 가는지는 사실 중요하지 않습니다. 디플렉션의 아이디어는 단순히 조금 전에 그 피스가 하고 있던 방어적인 역할을 하지 못하게 만드는 것입니다.

룩은 8번째 랭크에서 디플렉션 희생을 만들기 좋은 피스입니다. 보통 이 희생으로 다른 룩들을 벗어나게 만드니까요! 보통의 경우는 결정적인 물량 이득을 취하지만, 체크메이트를 만드는 것도 가능합니다.

186

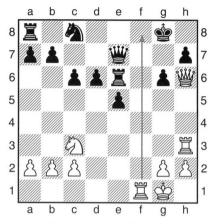

(그림 188) 백 차례

1 Rf8+로 흑 퀸을 h7-칸 방어로부터 벗어나게 만듭니다. 흑이 1...Qxf8으로 억지로 룩을 잡게 만든 후에 백은 2 Qxh7으로 체크메이트를 만듭니다.

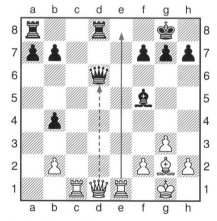

(그림 189) 백 차례

이번에는 백이 흑 퀸을 잡을 수 있습니다. 1 Re8+ Rxe8 2 Qxd6. 디플렉션 희생으로 d6-퀸을 보호하는 역할을 하던 흑 룩을 멀어지게 만들었습니다.

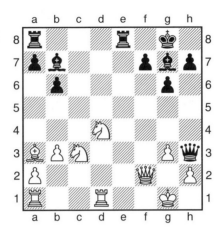

1...Re1+!라는 탁월한 수는 지금 흑의 ...Qg2 메이트를 수비하는 백 퀸을 벗어나게 하는 목적이 있습니다. 백이 2 Rxe1으로 방어하면 2...Bxd4(그림 190b)가 이어집니다.

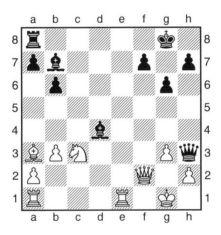

백 룩이 d1에서 벗어났기 때문에 룩으로 d4에 있는 비숍을 잡을 수 없습니다. 2 Qxd4(안잡으면 퀸을 잃게 됨) 이후에 흑은 2...Qg2 메이트를 만듭니다.

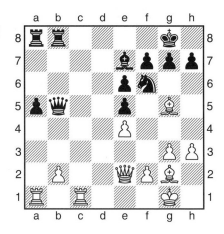

(그림 191) 백 차례

이번 예시가 가장 일반적인 형태의 룩 디플렉션입니다. 1 Rc8+로 이기게 되는데, 흑이 1...Bf8으로 막으면 백은 2 Qxb5 Rxb5 3 Rxa8으로 룩을 앞서게 됩니다.

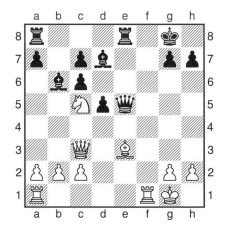

(그림 192) 백 차례

백의 멋진 수 1 Rf8+!는 디코이(1...Kxf8이면 2 Nxd7+로 킹과 퀸을 포크)와 디플렉션(1...Rxf8이면 2 Qxe5로 퀸을 얻음)을 둘 다 이용합니다.

7-랭크에 침투한 두 개의 룩
Two Rooks on the Seventh

그렇게 눈 먼 돼지는 아니에요...

7번째 랭크에 있는 두 개의 룩은 체스보드의 토네이도와 같이 진짜로 엄청나게 강력해질 수 있습니다. 두 개의 룩은 체크하고 날뛰며 상대 킹을 공포에 몰아넣으면서 갈 곳 잃은 폰들을 휩쓸어 버립니다.

룩들은 서로를 지켜주기 때문에 계속해서 메이트 위협을 만들 수 있고, 이러한 룩의 존재는 사실상 방어를 마비시킬 정도입니다. 그럼에도 불구하고 일반적인 미들게임에서는 두 개의 룩만으로는 메이트를 강제하기 어렵습니다. 이 트릭을 만들기 위해서는 대부분 또 다른 공격 유닛(피스 또는 폰)의 도움이 필요합니다.

가끔은 7-랭크에 있는 두 개의 룩으로 포지션을 반복하거나 무한 체크를 만들어 무승부에 만족해야 할 수도 있습니다. 이런 경우는 상대가 물량에서 앞서거나 자신에게 심각한 위협이 있는 경우에 일어납니다. 두 개의 룩이 메이트가 아닌 '꿀꿀거리며 체크'만 할 수 있는 경우를 유명한 공격형 선수인 다위드 야노프스키Dawid Janowski에 의해 <u>눈 먼 돼지</u>Blind Swine라고 불리게 되었습니다.

7-랭크에 침투한 두 개의 룩으로 메이트하는 대표적인 패턴

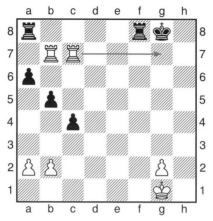

(그림 193) 백 차례

흑 킹은 같은 편 룩이 막고 있어서 f8-칸으로 빠져나갈 수 없습니다. 백은 1 Rg7+ Kh8 2 Rh7+ Kg8 3 Rbg7으로 체크메이트를 만들어 냅니다.

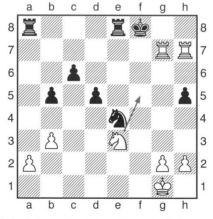

(그림 194) 백 차례

이번 예시는 두 개의 룩만으로는 메이트가 불가능하기 때문에 다른 피스의 도움 이 꼭 필요합니다. 1 Nf5(g7의 룩을 지켜줌)를 둠으로써 상대가 방어할 수 없는 2 Rh8 메이트를 위협합니다.

191

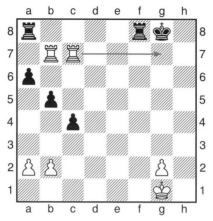

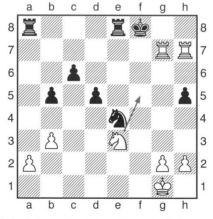

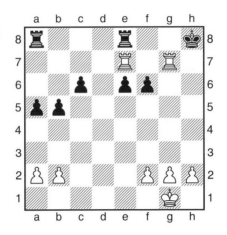

(그림 195a) 백 차례

두 개의 룩이 7-랭크를 훌륭히 지배하고 있습니다. 하지만 백이 승리하기 위해서는 또 다른 공격수가 추가되어야 합니다. 1 Rh7+ Kg8 2 Reg7+ Kf8 3 h4!. (그림 195b)

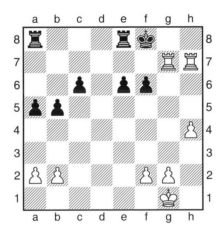

(그림 195b) 흑 차례

h-폰을 전진하는 계획이군요! 백은 h5 이후 h6(g7의 룩을 보호하려고)를 한 다음, Rh8으로 메이트를 하려고 합니다. 흑이 이 계획을 막을 방법은 없습니다.

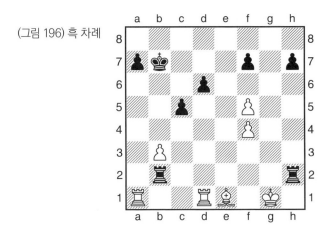

(그림 196) 흑 차례

피스가 부족한 흑이 <u>무한 반복 위협</u>으로 무승부를 만들어 냅니다. 1...Rbg2+ 2 Kf1 Rb2 (3...Rh1 메이트 위협) 3 Kg1 Rbg2+ 4 Kf1, 등등.

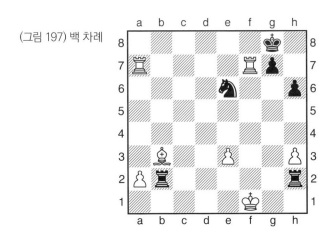

(그림 197) 백 차례

양 쪽 모두 7-랭크에 두 개의 룩이 침투해 있지만, 이번이 백 차례이며 백은 비숍이 협공할 수 있습니다. 1 Rxg7+ Kf8 2 Raf7+ Ke8 3 Ba4+ Kd8 4 Rg8+ Nf8 5 Rgxf8으로 메이트입니다.

안데르센 메이트
Anderssen's Mate

저 '무시무시한 비숍들'을 조심해

이 메이트의 이름은 1869년 독일 바르멘에서 열린 안데르센Anderssen과 주커토트Zukertort의 멋진 경기에서 유래되었는데, 백이 퀸을 희생하고 나서 비숍까지 희생하며 강제로 체크메이트를 만든 경기였습니다. 안데르센 메이트는 h-파일을 열어서 흑 킹을 노출시키기 위해 h7에서 희생을 한 이후 h8-칸에서 체크메이트합니다. 이런 콤비네이션의 가능성이 매우 높은 상황은 다음의 두 가지 경우입니다.

1) 백이 b1-h7 대각선과 a1-h8 대각선을 노리는 한 쌍의 '호르비츠 비숍'[2]을 가지고 있으며, 흑이 g7이나 g6를 방어하는 폰이 없을 때.

2) 백이 흑 킹의 바로 앞인 g7-칸에 폰을 가지고 있을 때.

---

2 '호르비츠Horwitz 비숍'(평행 비숍 또는 갈퀴 비숍이라고도 부르는)은 나란히 대각선을 바라보며 공격적으로 배치된 한 쌍의 비숍을 말합니다.

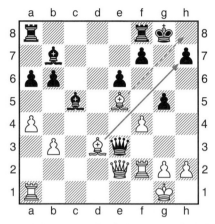

(그림 198a) 백 차례

흑에게 g7이나 g6를 막아주는 폰이 없기 때문에 백 비숍들이 킹사이드 주변의 많은 칸들을 통제하고 있습니다. 백은 비숍을 희생하며 공격합니다. 1 Bxh7+ Kxh7. (그림 198b)

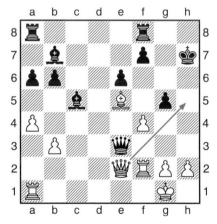

(그림 198b) 백 차례

백 퀸이 새롭게 열린 h-파일을 이용하여 2 Qh5+ Kg8 3 Qh8으로 체크메이트를 만듭니다.

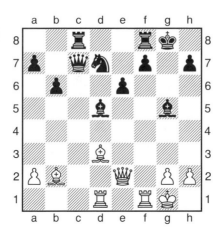

(그림 199) 백 차례

1 Bxh7+ Kxh7 2 Qh5+ Bh6로 흑이 h8에서 메이트를 막을 수 있지만, 백은 3 Rxf7+ Rxf7 4 Qxf7+ Bg7 5 Qxg7으로 메이트를 만들며 승리합니다.

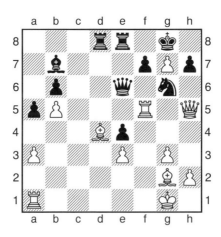

(그림 200) 백 차례

g7-칸에 박혀있는 백 폰은 h8-칸을 통제하고 있으며 심지어 퀸으로 프로모션 할 수도 있습니다. 1 Qxh7+ Kxh7 2 Rh5+ Kg8 3 Rh8+ Nxh8 4 gxh8=Q으로 메이트.

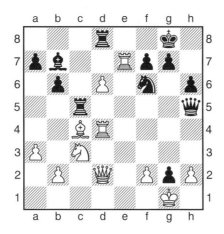

(그림 201a) 흑 차례

g2-폰은(b7에 있는 비숍으로부터) 지켜지고 있으며 흑 룩은 h-파일로 뛰어들 수 있는 상황이므로, 지금이 바로 퀸 희생을 할 때입니다. 1...Qxh2+ 2 Kxh2 Rh5+. (그림 201b)

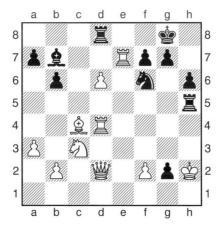

(그림 201b) 백 차례

3 Kg1으로 피하는 것은 3...Rh1으로 메이트 됩니다. 하지만 3 Kg3로 앞으로 나오는 것 역시 3...g1=Q+ 4 Kf4 Qg5로 흑이 2수 메이트를 만들 수 있기 때문에 비참한 최후를 맞이할 게 뻔합니다.

7-랭크의 폰
Pawn on the Seventh Rank

미들게임에서 새로운 퀸으로!

7-랭크에 도착한 폰은 온갖 마법 같은 콤비네이션을 가능하게 만듭니다. 특히 g7이나 h7에 폰이 있고 상대 킹이 8-랭크에서 폰의 바로 앞에 놓여있을 때 그 가능성은 더욱 높아집니다.

이렇게 멀리 전진한 폰은 메이트 공격에 크게 도움이 되는 중요한 칸들을 통제합니다. 치명적인 체크메이트 45의 안데르센 메이트에서 이와 관련된 몇 가지 예시를 살펴봤었죠.

심지어 폰의 프로모션을 강제하기 위해 <u>디코이 희생</u>을 할 수 있다면 더 무섭지 않을까요?

(그림 202a) 백 차례

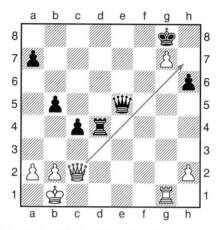

물량은 동등합니다. 흑이 괜찮은 상황이지만 백이 드라마틱한 퀸 희생을 하여 흑 킹을 유인합니다. 1 Qh7+! Kxh7. (그림 202b)

(그림 202b) 백 차례

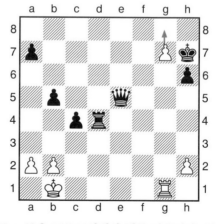

백은 2 g8=Q으로 g-폰을 프로모션해서 퀸을 만듭니다. 폰은 퀸으로 태어나고 흑 킹은 체크메이트로 끝납니다.

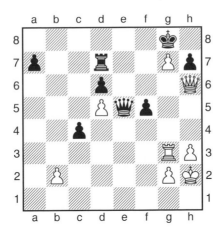

(그림 203) 백 차례

백 룩이 핀에 걸려 있지만 이번 테마의 콤비네이션은 여전히 가능합니다. 1 Qxh7+ Kxh7 2 g8=Q+ Kh6 3 Qg6로 메이트입니다.

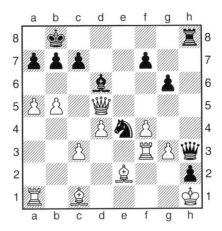

(그림 204) 흑 차례

1...Qg2+ 2 Kxg2 h1=Q으로 메이트 됩니다. 흑이 퀸을 통째로 내어주며 h-폰을 강제로 프로모션하고 체크메이트를 만드는 모습에 주목하세요.

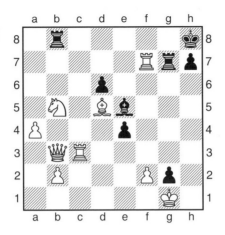

(그림 205) 흑 차례

1...Bh2+ 희생은 백 킹이 g1-칸을 떠나게 해서 g2에 있는 흑 폰이 전진할 수 있도록 만드는 수입니다. 2 Kxh2 g1=Q+ 3 Kh3 Qh1으로 메이트 합니다.

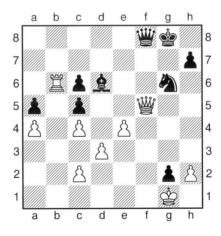

(그림 206) 흑 차례

마법같은 예시입니다. 흑은 1...Bxh2+! 2 Kxh2 Qh6+로 승리할 수 있습니다. 백이 3 Kxg2를 하면 흑이 3...Nh4+로 킹과 퀸을 포크하고, 3 Kg3를 하면 3...g1=Q+로 퀸을 만들고, 3 Kg1을 두면 3...Qh1+로 멋지게 승리할 수 있습니다.

르갈 메이트
Legall's Mate

르갈의 가짜 희생은 훨씬 더 평범해 보여요...

르갈의 유명한 메이트는 보통 게임의 초반에 나오며 백이 <u>핀을 부수는</u> 것과 연관되어 있습니다. 이 메이트는 g4에 있는 흑 비숍이 백의 d1-퀸 앞에 있는 f3-나이트를 핀에 걸고 있을 때 일어납니다. 백이 나이트를 움직인다면 중요한 퀸을 잃게 될 수 있지만, 예외적인 포지션에서는 백이 스스로 희생을 선택(보통은 Ne5를 하며)할 수 있습니다. 이 퀸 희생은 만약 흑이 퀸을 잡는다면 백의 마이너 피스들이 한두 수만에 체크메이트를 만들 수 있다는 아이디어가 숨어 있습니다.

르갈 메이트는 초보자 수준에서만 볼 수 있지만, 더 고급스러운 버전(<u>르갈의 가짜 희생</u>)은 누구나 함정에 걸릴 수 있습니다. 백이 퀸을 희생한 이후에 강제로 체크메이트를 할 수는 없지만, 대신 비숍이 b5에서 강력한 체크를 하며 물량을 앞설 수 있습니다.

202

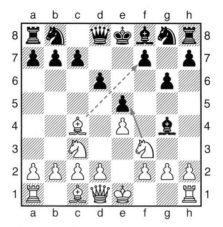

(그림 207a) 백 차례

1 Nxe5 이후에 흑이 1...Bxd1(1...dxe5를 하면 2 Qxg4로 폰 하나를 앞서기 때문에)으로 백 퀸을 잡아냅니다. 백은 2 Bxf7+(그림 207b)로 공격을 이어갑니다.

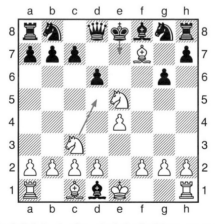

(그림 207b) 흑 차례

흑 킹이 체크에서 빠져나올 수 있는 유일한 방법은 2...Ke7이며, 그 다음 백이 3 Nd5로 메이트를 만들 수 있습니다. 이번 예시에서는 백이 강제 메이트를 만드는 데 마이너 피스 세 개면 충분했네요.

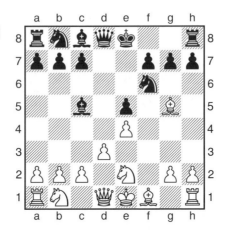

(그림 208) 흑 차례

이번 예시는 e2-칸이 백 나이트로 막혀 있기 때문에 흑이 메이트를 만드는 데
단 두 개의 마이너 피스면 충분합니다. 흑은 1...Nxe4 2 Bxd8 Bf2로 메이트를 만
들 수 있습니다.

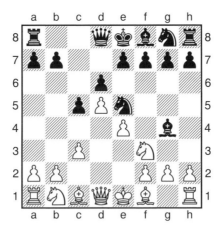

(그림 209) 백 차례

르갈의 가짜 희생이라는 공격의 대표적인 예시입니다. 백이 1 Nxe5 Bxd1
2 Bb5+로 물량을 앞설 수 있습니다. 왜냐하면 흑이 메이트를 피하려면 무조건
2...Qd7으로 막아야 하고, 따라서 퀸을 되돌려주기 때문입니다.

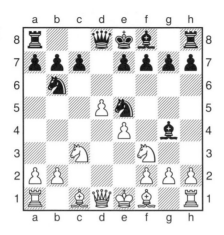

(그림 210a) 백 차례

1 Nxe5로 핀을 부수며 빠져나옵니다. 백은 1...Bxd1 2 Bb5+ c6(그림 210b)로 흑이 비숍의 체크를 막을 수 있다는 것을 알면서도 퀸을 희생했습니다.

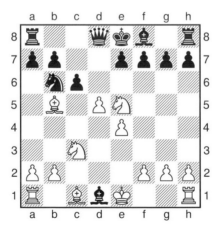

(그림 210b) 백 차례

백의 3 dxc6 이후에 디스커버드 체크(4 cxb7+ 또는 4 c7+와 같은)가 올 예정이 므로 흑은 앞이 캄캄합니다. 예를 들어 흑이 3...a6를 하면 백은 4 c7+로, 3...Qc7 을 두면 백이 4 cxb7+ Kd8 5 Nxf7으로 메이트를 만들 수 있습니다.

f7에서 비숍 희생
The Bishop Sacrifice on f7

오프닝에서 바로 이기기

f7-칸은 흑이 캐슬링을 하기 전 가장 취약한 지점입니다. 하지만 f7-칸에서 '사고'가 일어나는 근본적인 이유가 흑의 발전이 늦기 때문은 아닙니다. 바로 어색하게 놓인 피스의 배치가 주요 원인이죠. 흑이 킹사이드의 마이너 피스보다 퀸사이드의 마이너 피스들을 먼저 발전하는 경우에 이런 실수들이 흔하게 나옵니다. 이때 백이 결정적인 Bxf7+ 희생을 할 수 있는 두 가지 대표적인 시나리오가 있습니다.

1) 흑 나이트가 성급하게 d7으로 이동한 경우

Bxf7+ 전술은 뒤이어 Ng5+를 한 다음 Ne6로 즉시 이기는 경우가 흔히 나옵니다. 흑의 c8-비숍이 d7-나이트로 인해 e6-칸을 통제할 수 없기 때문에, 백 나이트가 e6-칸을 쓸 수 있게 됩니다.

2) 흑 비숍이 성급하게 g4로 이동한 경우

종종 나오는 전술적인 블런더*입니다. Bxf7+ Kxf7 이후에 백이 Ng5+(또는 가끔은 Ne5+)를 하게 되면 g4에 있는 흑 비숍이 d1에 있는 백 퀸에게 잡히게 됩니다.

---

* 역주: '블런더Blunder'는 심각한 물량 손해를 보거나 체크메이트에 당할 수 있을 정도의 큰 실수를 말합니다. 기보에는 ??로 표시합니다.

Bxf7+ 희생의 대표적인 패턴

(그림 211a) 백 차례

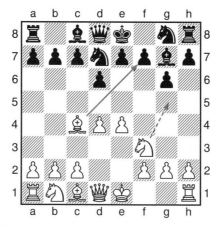

흑이 나이트를 성급하게 d7으로 발전해서 e6-칸의 통제가 약해지자 백이 비숍을 희생하여 공격합니다. 1 Bxf7+ Kxf7 2 Ng5+. (그림 211b)

(그림 211b) 흑 차례

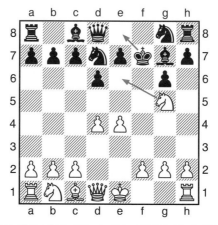

백 나이트의 체크를 받은 킹이 피할 수 있는 적당한 칸이 없습니다. 2...Kf6로 피하면 3 Qf3로 메이트가 되고, 2...Kf8으로 가면 3 Ne6+로 포크, 그리고 2...Ke8으로 가면 3 Ne6로 흑 퀸이 갇혀버립니다.

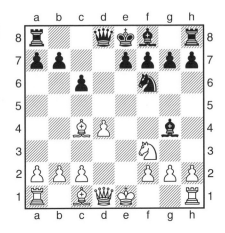

(그림 212) 백 차례

g4에 있는 흑 비숍을 타깃으로 삼아 폰 하나를 더 얻을 수 있습니다. 1 Bxf7+ Kxf7 2 Ne5+로 흑 킹은 무조건 이동해야 하며, 백은 3 Nxg4로 비숍을 되찾습니다.

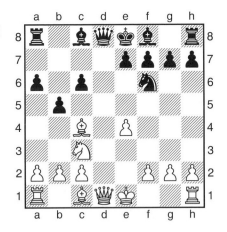

(그림 213) 백 차례

이른 시점에 d-파일이 열려 있을 때에는 전형적인 디플렉션 희생을 조심해야 합니다. 백이 1 Bxf7+ Kxf7 2 Qxd8으로 흑 퀸을 잡아냅니다.

(그림 214a) 백 차례

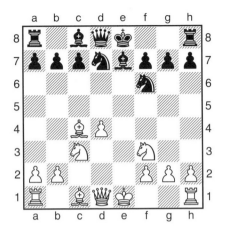

흑도 백 못지 않게 발전을 완료했지만, <u>피스들이 일시적으로 어색한 위치에 놓이</u>게 되었습니다. 백이 이 점을 노려 즉시 공격합니다. 1 Bxf7+ Kxf7 2 Ng5+. (그림 214b)

(그림 214b) 흑 차례

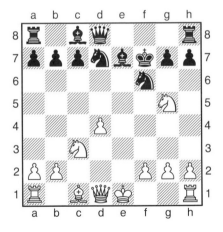

1...Kg8으로 물러난다면 2 Qb3+ 이후에 메이트 될 것입니다. 하지만 1...Kg6를 두어서 앞으로 나온다면 2 Qd3+ Kh5 3 Qf5 이후 노출된 흑 킹은 곧 최후를 맞이할 것입니다.

f7과 e6에서 나이트 희생
Knight Sacrifices on f7 & e6

아빠가 절대 캐슬링하지 못하도록 만들자

이번 테마는 치명적인 체크메이트 48과 비슷한 점이 있습니다. 캐슬링을 하기 전인 경기 초반이라면, 킹은 자신을 보호해주는 중앙 폰을 제거하는 희생 공격에 취약할 수밖에 없습니다. 다시 한번 말하지만, 치명적인 피스 희생을 허용하는 이유가 꼭 발전이 늦기 때문은 아닙니다. 때때로 흑의 피스들이 그저 안 좋은 위치에 놓여졌을 뿐입니다.

1) 나이트가 f7에서 희생한다

이 희생 뒤에는 몇 가지 가능한 아이디어가 있습니다. f7-폰의 제거는 e6-칸의 핵심적인 수비수를 없애는 것입니다. 이로 인해 백은 h5-e8 대각선을 열 수도 있고, 흑 킹을 f7으로 유인한 뒤 다른 피스로 체크를 하며 공격을 이어 나갈 수도 있습니다.

2) 나이트가 e6에서 희생한다

이 계획은 중앙 폰들을 모조리 없애거나 h5-e8 대각선(흑이 ...fxe6로 나이트를 잡으면 열리는)을 활용하는 것입니다.

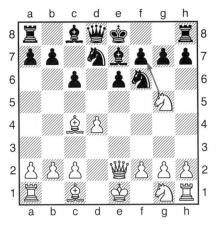

(그림 215a) 백 차례

대체적으로 흑이 견고한 포지션을 만들었지만 캐슬링을 통해 킹을 안전하게 만드는 데 한 수가 부족합니다. 백은 이 기회를 놓치지 않고 나이트를 희생합니다. 1 Nxf7 Kxf7. (그림 215b)

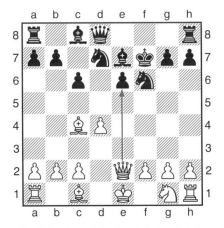

(그림 215b) 백 차례

2 Qxe6+를 두면 흑 킹을 보호하는 폰들이 사라집니다. 흑이 2...Ke8 또는 2...Kf8을 두면 백이 3 Qf7으로 메이트를 만들고, 2...Kg6로 가면 3 Bd3+ Kh5 4 Qh3로 메이트를 만듭니다.

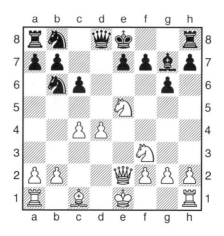

(그림 216) 백 차례

흑의 f7-폰을 없애면 e6-칸의 통제력을 약화시킬 수 있습니다. 1 Nxf7 Kxf7 2 Ng5+ Ke8 3 Ne6로 백 나이트가 흑 퀸과 비숍을 포크하게 됩니다.

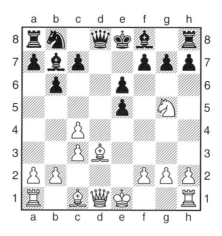

(그림 217) 백 차례

1 Nxf7 Kxf7 2 Bg6+로 백이 마이너 피스 두 개를 주고 상대 퀸을 잡게 됩니다. 흑이 2...hxg6(2...Ke7으로 피하면 3 Bg5로 메이트가 되므로)를 하면 3 Qxd8으로 퀸을 잡는 눈치채기 어려운 콤비네이션입니다.

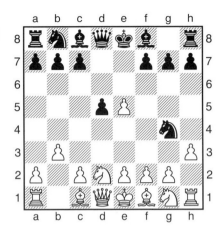

(그림 218) 흑 차례

이번에 살펴볼 예시는 나이트를 희생하여 취약한 대각선을 억지로 여는 아주 오래된 함정입니다. 1...Ne3 2 fxe3(또는 퀸을 잃거나) 2...Qh4+ 3 g3 Qxg3로 메이트.

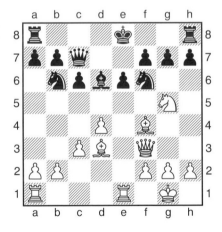

(그림 219) 백 차례

(캐슬링을 해서 킹이 안전해지기까지 한 수가 남아있는) 흑의 폰 방어막이 아무렇지 않게 제거됩니다. 1 Nxe6 fxe6 2 Rxe6+에 이어 d6에 있는 비숍까지 잡히게 됩니다.

피셔 트랩
The Fischer Trap

두 개를 희생해서 하나를 챙긴다

위대한 독일 선수인 지그베르트 타라쉬Siegbert Tarrasch(1862~1934)가 이 체크메이트에 한 번 걸린 적이 있습니다. 1958년에는 미국의 전설적인 선수인 바비 피셔 Bobby Fischer가 새미 레셰프스키Sammy Reshevsky를 상대로 자신만의 유명한 버전을 보여주기도 했죠.

이 멋진 전술의 전제 조건은 무척 단순합니다. 백은 흑의 f7-폰을 공격하는 비숍이 필요하며, 만약 f7-폰이 없는 경우에는 큰 이득을 보기 위해 e6-칸으로 이동할 수 있는 나이트도 필요합니다.

이런 조건이 맞는다면 백은 비숍을 희생하는 Bxf7+의 가능성을 고려할 수 있으며, 뒤이어 다음 수에 Ne6를 계획할 수 있습니다. 수많은 희생자들을 어리둥절하게 만드는 이 영리한 전술은 흑이 자신의 킹으로 비숍을 잡을 때 드러납니다. 킹이 비숍을 잡으며 e6-칸의 통제권을 유지하려는 것으로 보이는데요. 사실 백은 상대가 어떻게 하든 강력한 Ne6를 두어서 두 번째 희생으로 나이트를 바칩니다. 흑 킹은 사실상 언제 체크메이트가 될 지 모를 중앙으로 유인되어 나오게 되는 것이죠.

(그림 220a) 백 차례

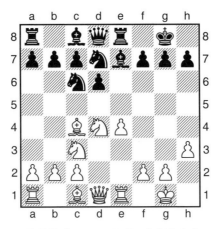

비숍을 1 Bxf7+로 희생하여 1...Kxf7을 강제합니다. 그 다음 2 Ne6(그림 220b)라는 놀라운 후속수로 흑 퀸을 공격합니다.

(그림 220b) 흑 차례

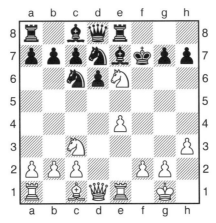

퀸을 잃지 않으려면 흑은 2...Kxe6를 두어서 킹으로 나이트를 잡아야 합니다. 이제 흑 킹이 중앙에 노출되었으므로, 백은 3 Qd5+ Kf6 4 Qf5로 체크메이트를 만듭니다.

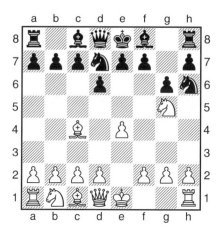

(그림 221) 백 차례

이번 경우는 흑 킹으로 f7에 있는 피스를 잡는 선택을 하지 않아도 됩니다. 백은 손쉽게 1 Bxf7+ Nxf7 2 Ne6로 흑 퀸을 트랩 시키며 승리할 수 있습니다.

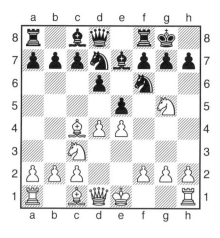

(그림 222) 백 차례

1 Bxf7+ Rxf7 2 Ne6 Qe8 3 Nxc7으로 흑 퀸과 룩을 포크할 수 있습니다. 하지만 잘 생각해봐야 할 문제는 3...Qd8 4 Nxa8 이후에 나이트가 갇힐 수 있다는 점입니다.

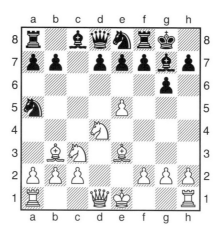

(그림 223a) 백 차례

피셔와 레셰프스키의 경기입니다. 흑의 견고한 포지션이 한 순간에 무너집니다. 1 Bxf7+ Kxf7(1...Rxf7으로 잡으면 2 Ne6! dxe6 3 Qxd8으로 퀸이 잡히므로) 2 Ne6. (그림 223b)

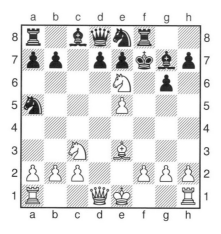

(그림 223b) 흑 차례

흑이 2...Kxe6(2...dxe6는 3 Qxd8)로 자신의 퀸을 구해냅니다. 하지만 3 Qd5+ Kf5 이후에 흑 킹은 최후를 맞을 수밖에 없습니다. 예를 들면, 4 g4+ Kxg4 5 Rg1+ Kh5 6 Qd1+ 등으로 말이죠.

포지션 연습

이제부터 여러분의 목표는 각각의 포지션에서 강제 체크메이트를 만들거나, 물량 이득을 노려 승리할 수 있는 콤비네이션을 찾는 것입니다. 36개의 포지션 모두 실제 토너먼트 경기에서 나온 상황들입니다. 만약 어떤 아이디어인지 바로 찾을 수 없더라도, 각 포지션당 최소 10분은 끈기 있게 도전해 보세요. 그리고 나서 힌트가 필요하다면 각 포지션 아래에 적힌 치명적인 체크메이트 리스트를 찾아 주요 모티브를 알아내세요.

해답은 228페이지에 있습니다.

목표 점수

힌트를 사용하지 않고 테스트했을 경우, 올바르게 찾은 콤비네이션의 숫자는 대략적으로 다음과 같은 능력에 해당합니다.

36개 모두	마스터 수준
30~35	강력한 토너먼트 선수의 수준
25~29	패턴 인식이 매우 훌륭한 수준
20~24	패턴 인식이 좋은 수준
15~19	체스 유망주 – 체스 클럽에 들어오세요!
10~14	평균적인 수준
5~9	좀 더 연습이 필요해요
0~4	아빠가 체스를 안하나 봐요

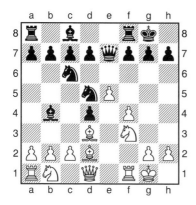

(그림 224) 백 차례

힌트: 체크메이트 32번을 보세요.

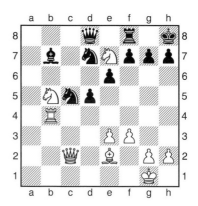

(그림 225) 백 차례

힌트: 체크메이트 1번을 보세요.

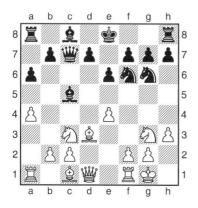

(그림 226) 흑 차례

힌트: 체크메이트 28번을 보세요.

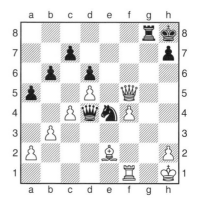

(그림 227) 흑 차례

힌트: 체크메이트 5번을 보세요.

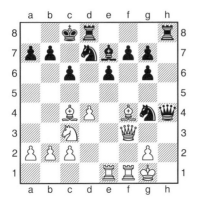

(그림 228) 백 차례

힌트: 체크메이트 14번을 보세요.

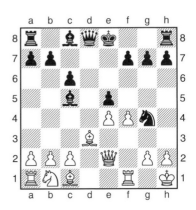

(그림 229) 흑 차례

힌트: 체크메이트 2번을 보세요.

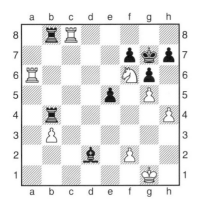

(그림 230) 백 차례

힌트: 체크메이트 3번을 보세요.

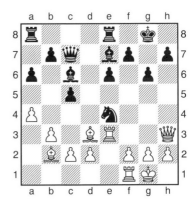

(그림 231) 백 차례

힌트: 체크메이트 37번을 보세요.

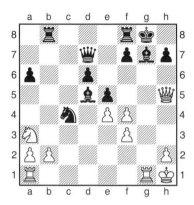

(그림 232) 백 차례

힌트: 체크메이트 21번을 보세요.

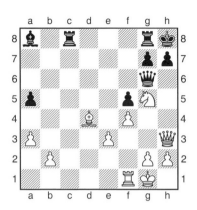

(그림 233) 백 차례

힌트: 체크메이트 4번을 보세요.

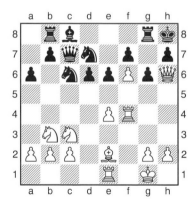

(그림 234) 백 차례

힌트: 체크메이트 39번을 보세요.

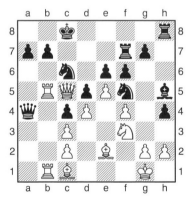

(그림 235) 백 차례

힌트: 체크메이트 15번을 보세요.

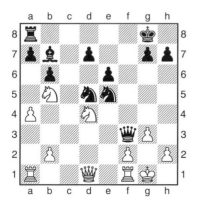

(그림 236) 흑 차례

힌트: 체크메이트 38번을 보세요.

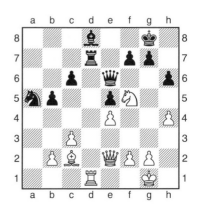

(그림 237) 백 차례

힌트: 체크메이트 22번을 보세요.

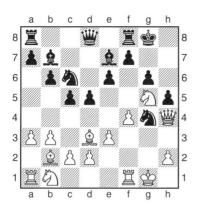

(그림 238) 백 차례

힌트: 체크메이트 13번을 보세요.

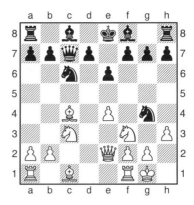

(그림 239) 흑 차례

힌트: 체크메이트 31번을 보세요.

포지션 연습

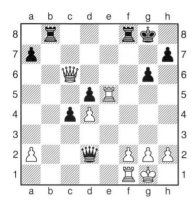

(그림 240) 흑 차례

힌트: 체크메이트 41번을 보세요.

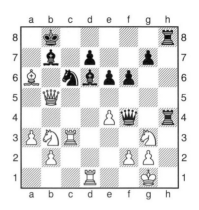

(그림 241) 흑 차례

힌트: 체크메이트 7번을 보세요.

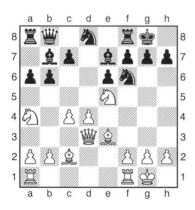

(그림 242) 백 차례

힌트: 체크메이트 30번을 보세요.

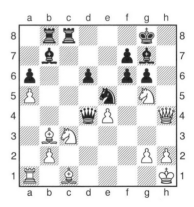

(그림 243) 백 차례

힌트: 체크메이트 50번을 보세요.

223

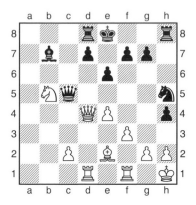

(그림 244) 흑 차례

힌트: 체크메이트 9번과 6번을 보세요.

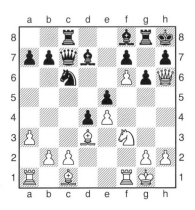

(그림 245) 백 차례

힌트: 체크메이트 5번을 보세요.

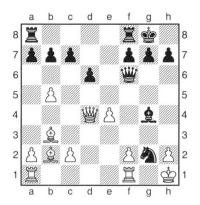

(그림 246) 흑 차례

힌트: 체크메이트 38번을 보세요.

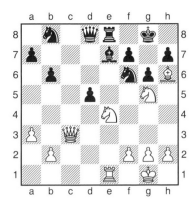

(그림 247) 백 차례

힌트: 체크메이트 42번을 보세요.

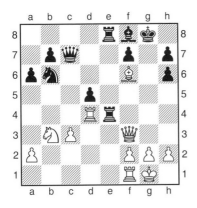

(그림 248) 백 차례

힌트: 체크메이트 37번과 18번을 보세요.

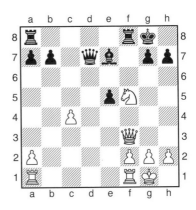

(그림 249) 백 차례

힌트: 체크메이트 23번을 보세요.

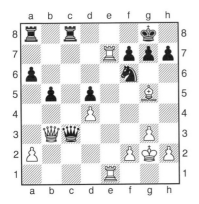

(그림 250) 백 차례

힌트: 체크메이트 43번을 보세요.

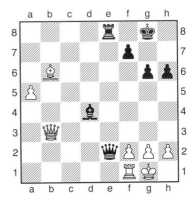

(그림 251) 흑 차례

힌트: 체크메이트 41번을 보세요.

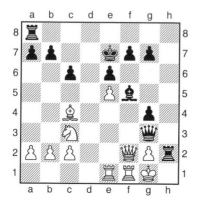

(그림 252) 흑 차례

힌트: 체크메이트 6번을 보세요.

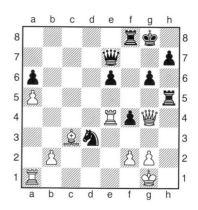

(그림 253) 흑 차례

힌트: 체크메이트 12번을 보세요.

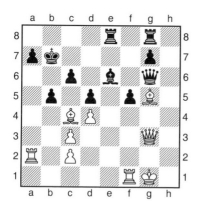

(그림 254) 백 차례

힌트: 체크메이트 24번을 보세요.

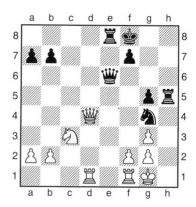

(그림 255) 흑 차례

힌트: 체크메이트 6번을 보세요.

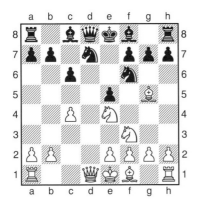

(그림 256) 흑 차례

힌트: 체크메이트 47번을 보세요.

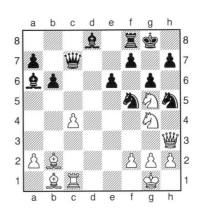

(그림 257) 백 차례

힌트: 체크메이트 38번과 13번을 보세요.

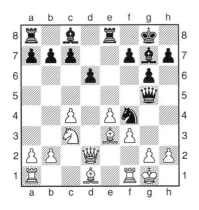

(그림 258) 흑 차례

힌트: 체크메이트 22번을 보세요.

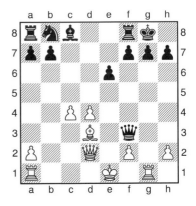

(그림 259) 백 차례

힌트: 체크메이트 21번과 42번을 보세요.

포지션 연습 해답

그림 224: 전형적인 <u>그릭 기프트</u> 희생 공격입니다. 1 Bxh7+ Kxh7 2 Ng5+ Kg8(만약 2...Kg6로 간다면 3 f5+로 이깁니다) 3 Qh5 이후에 백의 Qh7+를 막을 수 없습니다.

그림 225: 백은 <u>아나스타샤 메이트</u>를 이용해 1 Qxh7+ Kxh7 2 Rh4로 승리합니다.

그림 226: 흑이 <u>코르치노이 묘수</u>의 간단한 버전인 1...Qxg3로 피스를 잡아냅니다.

그림 227: 1...Qg1+ 2 Rxg1 Nf2로 교묘하게 <u>세미 스모더드 메이트</u>를 만듭니다.

그림 228: 퀸을 희생한 후, 백 비숍이 상대에게 <u>보든 메이트</u>를 선사합니다. 1 Qxc6+ bxc6 2 Ba6로 메이트.

그림 229: 상대가 f-폰 없이 수비한다는 점을 이용해서 1...Nxh2를 둡니다.

그림 230: 1 Ra8 Rxa8(1...Rxc8 2 Rxc8도 마찬가지) 2 Rxa8 다음 수에 백이 3 Rg8으로 <u>아라비안 메이트</u>를 노리는 걸 흑이 막을 수 없습니다.

그림 231: <u>어두운 칸 약점</u>의 모티브가 여기 있네요. 백 비숍이 긴 대각선을 가르며 백 룩이 메이트하는 것을 도와줍니다. 1 Qxh7+ Kxh7 2 Rh3+ Kg8 3 Rh8으로 메이트.

그림 232: 백이 g7에서 룩을 하나 희생하고 다른 룩이 메이트를 만들기 전에 백 퀸을 지그재그로 움직입니다. 1 Rxg7+ Kxg7 2 Qg5+ Kh8 3 Qf6+ Kg8 4 Rg1+ Qg4 5 Rxg4로 메이트.

그림 233: 1 Qxh7+ Qxh7 2 Nf7은 여러분의 아빠가 질색할 <u>질식 메이트</u>입니다.

그림 234: 백이 <u>롤리 메이트</u>의 간단한 버전으로 승리할 수 있습니다. 1 Qxh7+ Kxh7 2 Rh4로 체크메이트.

그림 235: 1 Qxc6+ bxc6 2 Rb8+ Kd7 (또는 2...Kc7) 3 R1b7으로 체크메이트 됩니다. 이 테마는 <u>또 다른 퀸사이드 메이트</u>네요.

그림 236: 1...Qg2+! 2 Kxg2 Nf4++ 이후에 3 Kg1 Nh3로 <u>또 다른 블랙번 메이트</u>를 이용해 승리합니다.

그림 237: 룩을 먼저 교환하면 <u>f5에 있는 나이트</u>의 강력함을 느낄 수 있습니다. 1

Rxd7 Qxd7 2 Qg4로 백은 g7에서의 메이트와 Nxh6+를 동시에 위협합니다.

그림 238: 무모한 수처럼 보이는 1 Qxh5는 블랙번 메이트를 이용하기 위함입니다. 1...gxh5 2 Bh7으로 메이트.

그림 239: f6의 방어자를 제거하는 테마(사실은 흑 차례이기 때문에 f3의 방어자)입니다. 1...Nd4를 두면 2 Qd1(2 Nxd4 Qh2로 메이트) 2...Nxf3+ 3 Qxf3 Qh2 메이트.

그림 240: 고급스러운 백-랭크 메이트를 이용한 트릭입니다. 1...Qxf2+ 2 Rxf2 Rb1+ 3 Rf1 R(아무 룩이나)xf1을 두면 메이트입니다.

그림 241: h8에서 룩 2개 희생을 하는 테마(흑 입장이라면 h1이겠죠)입니다. 이 경우는 흑이 1...Rh1+ 2 Nxh1 Rxh1+ 3 Kxh1 Qh2로 체크메이트 할 수 있습니다.

그림 242: 퀸과 비숍이 한 선에 놓인 장점을 이용해 백은 1 Nd7을 둡니다. h7에서의 메이트 위협이 숨어있는데, 만약 흑이 1...Nxd7을 두면 2 Qxh7으로 메이트가 되며, 1...Qc8을 두면 2 Nxf6+ Bxf6 3 Qxh7으로 메이트가 됩니다.

그림 243: 피셔 트랩의 오리지널 버전으로 백이 흑 퀸을 잡아냅니다. 1 Bxf7+ Nxf7 2 Qh7+ Kf8 3 Ne6+ 그리고 다음 수에 4 Nxd4.

그림 244: 먼저 타이마노프의 나이트 체크를 써서 h-파일을 열고 h1-칸에서 룩 1개 희생을 합니다. 1...Ng3+ 2 hxg3 hxg3+ 3 Kg1 Rh1+ 4 Kxh1 Qh5+ 5 Kg1 Qh2 메이트.

그림 245: 또 다른 세미 스모더드 메이트입니다. 1 Ng5 Bxh6 2 Nxf7 메이트.

그림 246: 1...Bf3 2 Qxf6 Nf4+ 3 Kg1 Nh3 체크메이트(또는 3...Ne2 메이트)는 또 다른 블랙번 메이트 테마군요.

그림 247: 이번 문제는 백이 수의 순서를 정확히 두어야 백-랭크 메이트가 만들어집니다. 1 Qxf6 (1 Nxf6+?를 두면 안됨. 1...Bxf6 2 Rxe8+ Qxe8 3 Qxf6?를 했을 때, 흑이 3...Qe1으로 백-랭크 메이트를 만들 수 있음) 1...Bxf6 2 Nxf6+ 이후에 흑이 2...Qxf6를 두면 3 Rxe8으로 체크메이트가 됩니다.

그림 248: 1 Qg4+ Rxg4 2 Rxg4+ Bg7 3 Rxg7+ Kf8 (3...Kh8은 4 Rg6로 메이트 되므로) 4 Rxh7을 두면 그 다음 Rh8 메이트를 막을 수 없는데, 이것은 어두운 칸 약점과 모피 메이트가 합쳐진 문제입니다.

그림 249: f5의 나이트가 또 한 번 해 냅니다. 1 Qd5+ Qxd5 2 Nxe7+ 다음 수에 3

229

Nxd5를 하면 백이 물량 이득을 볼 수 있습니다.

그림 250: 룩 디플렉션으로 흑 퀸을 가져갑니다. 1 Re8+ Nxe8 2 Rxe8+ Rxe8 3 Qxc3.

그림 251: 1...Qxf2+ 2 Rxf2 Re1으로 체크메이트를 만듭니다. 이 문제는 고급스러운 백-랭크 메이트의 가장 일반적인 버전입니다.

그림 252: 만약 흑의 룩이 h2가 아니라 h8에 있었다면 ...Qh2로 메이트를 만들 수 있겠죠. 따라서 흑은 h-파일에서 룩 1개 희생을 하여 그 목적을 이룹니다. 1...Rh1+ 2 Kxh1 Rh8+ 3 Kg1 Qh2 체크메이트.

그림 253: 1...Rh1+ 2 Kxh1 Nxf2+로 백 킹과 퀸을 포크합니다. 흑 입장에서 보는 오래된 Rh8+ & Nxf7+ 트릭이죠.

그림 254: h7에서 룩 디코이 희생의 모티브를 퀸사이드에서 플레이 합니다. 1 Rxa7+ Kxa7 2 Qc7+ Ka8 (또는 2...Ka6) 3 Ra1으로 체크메이트.

그림 255: 1...Rh1+ 2 Kxh1 Qh6+ 3 Kg1 Qh2로 체크메이트를 만드는, 룩 1개 희생 테마가 또 나왔네요. 포인트는 1...Qh6?로 시작하면 2 Qd6+로 퀸이 교환되기 때문에 실패한다는 점입니다.

그림 256: 흑이 르갈 메이트의 아이디어를 이용해 핀에서 빠져나옵니다. 1...Nxe4 2 Bxd8 Bb4+ 3 Nd2 Bxd2+ 4 Qxd2 Nxd2로 물량 이득을 봅니다.

그림 257: 블랙번 메이트와 또 다른 블랙번 메이트를 섞은 멋진 수 1 Qxh5(1 Bxf5? 는 1...Bxg5로 실패함)로 승리합니다. 1...gxh5 2 Nh6+ Nxh6 3 Bxh7으로 메이트.

그림 258: 흑의 1...Bd4는 f5의 나이트 테마(물론 흑이 공격할 때는 f4의 나이트겠죠)를 영리하게 이용하는 수입니다. 백이 2 Qxd4를 하면 2...Qxg2로 메이트가 되며, 2 Bxd4를 하면 2...Nh3+ 3 Kh1 Qxd2로 백 퀸이 잡히게 됩니다. 또한 2 Re1을 하면 2...Bxe3+ 3 Rxe3 Nxg2 4 Qxg2 Qxe3+로 이득을 봅니다.

그림 259: g7에서 룩 희생 테마를 이용해 최소한의 도움을 받으며 승리합니다. 왜냐하면 1 Rxg7+ Kxg7 2 Qg5+ Kh8 3 Qh6를 두면 백이 Qxh7 메이트 뿐만 아니라 백-랭크 메이트(Qxf8으로)까지 위협하기 때문이죠.

용어 정리

갈퀴 비숍 - 호르비츠 비숍 참고.

과부하 된 피스 - 둘 이상의 중요한 수비 임무가 있는데 이를 모두 수행할 수 없는 경우, 과부하 되었다고 말합니다.

교환 희생 - 룩(5점의 가치를 가진)으로 나이트 또는 비숍(각각 3점의 가치를 가진)을 잡는 희생을 말합니다.

교환 - 앞서 룩을 잡고 나이트나 비숍을 내 준 입장이라면 '교환'이라는 말을 붙입니다. '교환에서 이긴다'는 말은 일반적인 체스 용어로, 한 쪽이 비숍 또는 나이트를 내주고 룩을 얻었다는 의미입니다.

긴 대각선 - a1-h8 대각선과 h1-a8 대각선을 긴 대각선이라고 합니다.

디코이 - 상대 피스를 특정한 칸으로 유인하기 위한 희생을 말합니다. 많은 디코이 희생이 디플렉션이라고 불리는 경우도 있으며, 이런 용어들은 종종 바꿔서 쓰기도 합니다.

디플렉션 - 상대 피스를 특정 칸으로부터 멀어지도록 유인하는 희생을 디플렉션이라고 합니다.

더블 어택 - 대부분의 체스 콤비네이션들은 이 모티브에 기반을 두고 있습니다. 두 가지 위협이 동시에 일어나면, 방어하는 쪽은 한 가지 위협에만 대처할 수 있기 때문입니다.

더블 체크 - 킹이 두 개의 피스로부터 동시에 체크를 받았을 때를 말합니다.

마이너 피스 - 비숍과 나이트를 마이너 피스라고 합니다.

메이저 피스 - 퀸과 룩을 의미합니다. (때로는 헤비 피스라고도 합니다.)

메이트 그물 - 몇 수가 걸리더라도 킹이 강제 메이트를 피할 수 없는 위치에 놓이게 된 경우

무한 체크 - 어느 한 쪽이 끝없이 체크를 하여 결국 무승부를 만들 수 있습니다.

비우기 희생 - 같은 편의 다른 피스가 올 수 있도록 자기가 있던 칸을 비우기 위해 희생하는 것을 말합니다.

스큐어 - 비숍이나 룩, 또는 퀸을 이용해 물량 이득을 얻는 전술입니다. 상대의 피스를

공격해서 강제로 이동하도록 만든 후, 그 뒤에 있는 더 낮거나 동등한 가치의 피스를 가져갑니다.

심술난 체크 – 지고 있는 상황에서 의미 없는 체크를 하는 경우를 말하며, 보통은 단지 패배한 경기의 시간을 끌거나 체크메이트를 늦추는 데에 그칠 뿐입니다.

속임수 – 완전히 진 경기를 살려내거나 이기거나, 또는 분명 비긴 경기를 이기는 교묘한 트릭.

세미 오픈 파일 – 한쪽만 폰이 있는 파일을 말합니다. 세미 오픈 파일은 룩 또는 퀸과 같은 메이저 피스로 킹을 공격하는 데 매우 유용합니다.

오픈 파일 – 백과 흑 양쪽의 폰이 모두 없는 파일을 말합니다. 보통의 경우 룩이 열린 파일을 따라 자유롭게 이동할 수 있기 때문에 이런 파일에 곧잘 배치됩니다.

탈출구 – 킹이 빠져나갈 수 있는 칸을 말합니다.

템포 – 한 수를 두는 시간의 단위입니다. '템포를 번다'는 말은 강력한 2차 위협(예를 들어 체크 또는 피스를 공격)으로 시간을 벌면서 유용한 목적을 이루는 수를 뜻합니다.

평행 비숍 – 호르비츠 비숍 참고.

포크 – 한 개의 상대 피스로부터 두 개의 피스(또는 그 이상)가 동시에 공격을 받아 무조건 물량 손해를 보는 경우를 말합니다.

피앙케토 비숍 – g-폰이나 b-폰을 앞으로 한 칸 움직인 이후 긴 대각선으로 발전한 비숍을 말합니다. 예를 들어, 만약 백의 폰이 h2, g3, f2에 있고 비숍이 g2에 있다면 피앙케토 되었다고 말합니다.

핀 – 공격받고 있는데 뒤에 가치가 더 높은 피스가 노출되므로 움직일 수 없는 피스를 핀에 걸려있다고 합니다.

핀을 부수다 – 콤비네이션을 수행할 목적으로 핀에 걸린 피스가 이동하는 경우, 이것을 핀을 부순다고 말합니다.

호르비츠 비숍 – 나란히 위치하여 상대 킹을 향해 대각선을 똑바로 겨누고 있는 비숍들을 말합니다. 평행 비숍 또는 갈퀴 비숍이라고도 부릅니다.

X-레이 공격 – 파일이나 대각선의 사이에 상대 피스가 있는데, 이를 통과하거나 넘어서 효과가 지속되는 공격을 말합니다. (그림 152에 예시가 있습니다.)

그리고 마침내...

만약 아빠가 가리 카스파로프라면?

만약 여러분의 아빠가 역사상 가장 위대한 체스 선수 중의 한 명이라면, 아빠를 이기는 데 약간의 문제가 있다는 것을 인정해야 합니다! 그러나 희망을 버리지 마세요. 우선, 이 책에 나온 테마들을 사용해 진짜로 카스파로프를 이기는 게 가능하다는 걸 다음의 예시를 통해 확인해 봅시다.

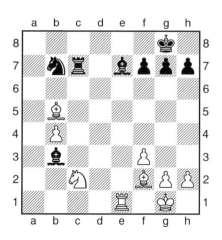

카르포프가 1 Bb6를 두어 승리합니다. 왜냐하면 1...Rxc2 2 Rxe7으로 카스파로프는 그의 나이트를 잃거나 백-랭크 메이트에 당할 것이기 때문입니다. 예를 들면, 2...Nd6 3 Bc5 Nxb5 4 Re8 체크메이트. 참 쉽죠!

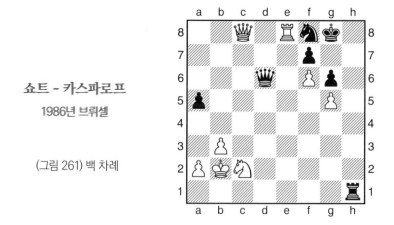

쇼트 - 카스파로프

1986년 브뤼셀

(그림 261) 백 차례

어두운 칸 약점(f6에 박혀있는 백 폰이 흑에게 문제를 일으킴)으로 인해 카스파로프는 최후를 맞게 됩니다. 1 Rd8 Qe5+ 2 Ka3 이후에 흑은 더 이상 3 Rxf8+ 위협을 방어할 수 없게 됩니다.

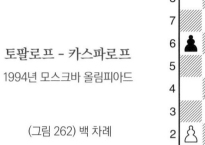
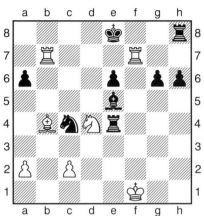

토팔로프 – 카스파로프

1994년 모스크바 올림피아드

(그림 262) 백 차례

7-랭크에 침투한 2개의 룩의 강력한 힘이 카스파로프를 쓰러뜨립니다. 백은 1 Rfe7+ Kd8 2 Nc6+로 흑이 2...Kc8을 두게 만들고, 3 Na7+ Kd8 4 Rbd7 체크메이트로 승리합니다.

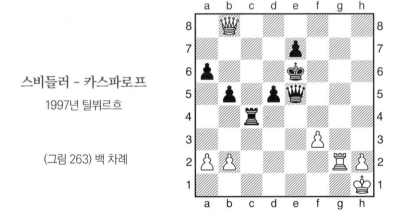

스비들러 – 카스파로프

1997년 틸뷔르흐

(그림 263) 백 차례

피터 스비들러는 룩 디코이 희생을 이용해 카스파로프의 퀸을 잡겠다고 위협하며 경기를 마무리 짓습니다. 1 Rg6+ Kf5 2 Rg5+! Kxg5 3 Qxe5+. 치명적인 체크메이트 24와 똑같은 테마를 사용했네요.

카스파로프의 패배에서 볼 수 있듯이 체스 챔피언조차 기본적인 공격 테마에 속수무책으로 당하고 맙니다. 물론 애초에 유리한 포지션을 만드는 게 어려운 일이지만 말이죠. 만약 여러분이 정말로 강한 선수 - 잠재적인 체스 마스터 - 가 되고 싶다면 경기의 모든 순간에 공을 들여야 합니다.

여러분이 책의 중요한 테마들을 모두 이해했다면 이제 몇 가지 팁과 함께 마무리하겠습니다. 이 팁들은 여러분의 아빠가 가리 카스파로프가 아니더라도 효과가 있답니다...

실력을 더 향상시키기 위해서

1) 경기를 많이 하세요

시간이 짧든, 길든, 친구와 편하게 두든, 진지하게 하든, 체스를 두세요. 그리고 가급적이면 여러분보다 조금 더 강한 상대와 경기하세요. 가능하다면 경기 후에 분석을 하고, 상대방과 방금 전 경기에 대해 토론하고 생각을 비교하세요. 최고의 체스 프로그램들(리브카 또는 후디니*와 같은)도 좋은 연습이 될 수 있습니다.

2) 체스 책을 많이 읽으세요

체스에 관한 책들의 범위는 매우 넓습니다. 오프닝, 미들게임, 엔드게임에 대해 공부하세요. 위대한 선수의 명경기 모음집이면 세 가지를 한 번에 배울 수도 있습니다. 정기적으로 체스 잡지를 구독하고 수많은 그랜드마스터들의 경기를 따라하면, 강한 선수들이 자신의 피스들을 발전하고 공격을 준비하는 방법에 대한 '느낌'을 매우 빠르게 향상시킬 수 있습니다.

---

* 역주: 리브카Rybka와 후디니Houdini는 체스 엔진의 이름입니다. 스톡피시, 리라 체스 제로, 알파 제로 등 많은 체스 엔진이 있습니다.

3) 오프닝 레퍼토리를 만드세요

좋은 오프닝은 공격적인 포지션을 만드는 데 도움이 되기 때문에, 여러분이 경기를 어떻게 시작하는지는 매우 중요합니다. '이론'을 두려워하지 말고 여러분의 장점으로 만들어 보세요! 여러분이 집에서 책으로 공부한 오프닝들이 보드위에 펼쳐지는 것을 보면 매우 재미있습니다. 체스 클럽에 가입하고 토너먼트에 나가고, 여러분의 경기를 항상 기록하고 경기 후에 오프닝을 찾아보세요.

4) 열심히 집중하세요

최고의 체스 마스터들은 <u>거의 모든 포지션에 엄청난 미묘함이 숨겨져 있을 수 있다는 걸</u> 알기 때문에 집중력이 굉장히 높습니다. 여러분이 경기를 하는 동안 변화수를 계산하고 분석하려면, 많이, 아주 많이 노력해야 합니다. 겉으로 보이는 모습만 생각하지 말고, 여러분이 상대하는 <u>모든</u> 선수들을 존중하며 대하세요.

5) 자신감을 갖고 공격하세요

만약 여러분이 유리한 포지션이라면, 과감히 플레이 하세요! 여러분의 아빠가 카스파로프일지라도 <u>여러분이 완벽하게 공격한다면 버틸 수 없을</u> 거에요. 만약 기회가 된다면, 상대 킹을 직접 조준하고 공격하세요.

이제 아빠는 내 상대가 안되지!

이 책은 1998년 영국에서 처음 출판되었습니다. 어쩌면 이 책을 읽고 있는 여러분보다 나이가 더 많은 책일지도 모르겠네요. 출판된 지 20년이 훌쩍 지났기 때문에 이 책에 나오는 펜티엄이나 카스파로프는 이미 과거형이 되어 버렸지만, 작가의 체스 상식과 말솜씨, 그리고 뛰어난 예시는 지금 봐도 여전히 매력적입니다. 저자인 머레이 챈들러는 '체스로 아빠를 이기는 방법'을 어린이를 위한 책으로 출판했습니다. 친구에게 지고, 체스 클럽에서 지고, 아빠에게 지는 어린이들이 희망을 잃지 않기를 바라는 마음, 그리고 체스를 포기하지 않기를 바라는 마음이 책의 마지막 장까지 녹아있습니다.

이 책에서 '아빠'는 '나를 이기는 모든 사람'을 말합니다. 넘을 수 없는 벽처럼 느껴지는 '아빠'를 이기려면 어떻게 해야 할까요? 이 책을 끝까지 다 읽으면 저절로 이길 수 있게 될까요? 챈들러가 알려준 대로 경기를 많이 하고, 체스 책을 읽고, 오프닝을 하나씩 배우고, 경기 중에 집중하며, 자신감을 갖고 공격하다 보면 승리는 저절로 따라오게 될 것입니다. 중요한 건 꺾이지 않는 마음이죠.

저는 요즘 어린 학생들에게 체스가 꼭 필요하다고 생각합니다. 그 이유는,

첫째로, 체스에서 사용하는 대화법은 눈에 보이는 수 넘어에 있는 상대의 생각을 읽고, 내 수로 대답을 하는 것입니다. 저는 다른 어떤 스포츠보다 타인의 생각에 관심이 많은 종목이 바로 체스라고 생각합니다. 상대가 지금 무엇을 하려고 하는지, 왜 저 피스를 저기로 갔는지 상대의 입장에서 따져보게 됩니다.

둘째로, 체스 경기중에는 생각보다 더 많은 감정의 변화가 몰려옵니다. 화가 나기도 하고, 기쁘기도 하고, 속이 상하기도 하죠. 하지만 스스로 감정을 조절하고 침착함을 유지해야 합니다. 당연하게도 처음엔 잘 안되겠지만 말이죠.

이런 이유로, 요즘같이 짧고 강렬한 미디어 속에 사는 어린 학생들이 타인의 생각에 귀 기울여 보고, 자신의 감정을 다스리기 위한 훈련도 해 보는데에 체스만큼 안성맞춤인 건 없다고 생각합니다.

늦었지만 지금이라도 이 책을 국내 독자들에게 소개할 수 있게 되어 기쁩니다. 이 책에 나오는 패턴과 콤비네이션들을 여러분의 것으로 만든다면 여러분은 분명 '아빠'를 이길 수도, 체스 실력의 '벽'을 뛰어 넘을 수도 있습니다. 그리고 언젠가는 여러분의 '아빠'가 여러분을 이기기 위해 이 책을 몰래 보고 있을지도 몰라요!

양 성 구

체스로 **아빠를 이기는** 방법
How to Beat Your Dad at Chess

펴 낸 날   2024년 9월 4일

지 은 이   머레이 챈들러
옮 긴 이   양성구
디 자 인   양성구
펴 낸 이   박민경
펴 낸 곳   도서출판 꿈나무
등   록   2023년 11월 6일 제 651-2023-000061호
주   소   제주시 조천읍 북촌9길 7
전   화   064-783-0970
이 메 일   dreamtreebooks@gmail.com
홈페이지   https://dreamtreebooks.com
I S B N   979-11-987203-1-3 03690

어린이제품 안전특별법에 의한 기타표시사항
제조자명 도서출판 꿈나무 제조국명 대한민국 사용연령 8세 이상